U0030982

走一路柳暗花明

目錄

出版序

傾聽「樹」的歌唱

真如

在靜謐的樹林中，抬頭仰望著一棵棵樹，適時正有清風徐徐拂來，似乎所有的樹葉都在沙沙振響，那一刻的心湖明靜而柔軟，好像要對藍天輕語著什麼……。

陽光，正把它的熱情和光明，透過葉子灑下來，每一片葉子的形狀、葉脈、都在碧藍的陪襯下清晰呈現。我不禁常常驚歎是怎樣的神祕之手，雕刻了這精彩紛呈的美麗。每一棵樹都那般風姿獨具，幾多蓬勃，幾許可人。可是它們在大片的森林裡，有幾人能走近欣賞觀看，那每一片樹葉在風中、雨中，繁華與凋零，陽光月下怒吼與淺唱。看那楓樹，在北國寒意漸濃之時，正是它們盡顯生命的璀璨之際。每每值此，欲將珍貴美景寄與天下人共享。

每個人生命中，最細緻、最燦爛的那個部份，也許只有他自己，或是跟他親近的人才知道。他們，就像一棵樹，蒼勁地散發堅強的氣息。他們在受傷之後，森林悄悄收藏了他們的哀哭與無奈，他們努力地尋覓著生存的堅韌之力，經歷多少頑強的內心之戰，終於小心翼翼地把傷痕復原，從再次地枝繁葉茂到令人驚歎！他們迎接了生命的大風暴，在幾度摧殘中毅然璀璨綻放！像一棵樹般，他們謙虛地對整個森林釋放著愛與奉獻的信息，以個體生命的強悍溫熱著整體。

一棵桂花樹的淡淡清香，也許會觸碰到你靈魂深處的甜美的寧靜。究竟，他們曾經歷怎樣的風霜雨雪？那美麗的深藏於年輪中的精彩記憶，在何樣的陽光下開始優美昇華？在怎樣的鏡湖中看清了自己的模樣？是什麼喚醒了他們心中的巨人之力，將沉睡的荒原，開放為直到天際的鬱鬱森林與燦燦樹花？

有人願傾聽這每一棵樹的哭聲與吟唱嗎？

我真摯地邀請所有的人，和我一起凝視這些精彩的心吧！這些在苦痛中掙扎著，終於開出燦爛心花的勇敢的人們，他們動人的身影，就和你我一樣，行進在這個世上。可能，讀這本書，就像人生中的一次深情回眸。注視到了那個和我一起經歷過人世的風雨、經歷過人世災難洗禮的同伴，他是如何精彩地活著，而他的精彩，到底有怎樣細緻的輪廓、顏色、形狀？這精彩是如何發生的？親愛的讀者，你不想欣賞嗎？

就像我看到的一樹美景，在很多年前，有了一種想把它獻給大家的心情。它，終於出現了。所以，為這些精彩的心隨喜，並加油吧！也為你自己的美麗、為你自己的勇悍、為你自己的不屈，為你自己的善良喝采吧！

因為我們同行！

寫在二〇一八年，亮點書系開啟時

推薦序一

「孝」，就順了

姚立德

（臺北科技大學電機系講座教授）

父母對子女的親情，從人類進化的角度來看，有一部分原因是埋藏在人類基因中的自然行為，許多動物也有類似的遺傳演化趨勢。但是，子女對父母的反哺感恩行為，在其他動物中則不常見，甚至在人類中，受不同國家、民族、文化、習慣等的薰陶，反哺感恩的行為亦並非舉世皆然。自民國以來，西方民主思想逐漸蔚為風潮，尤其近數十年來，自由與民主在多數年輕國人心中，和空氣一樣成為理所當然。與其一線之隔的崇尚個人化亦日益普遍。不可諱言的，親情依舊，孝親之情漸薄。尤有甚者，由於我國受西化影響既深且廣，西方崇尚個人自由、人人平等，成年子女和父母皆被視為平等個體，子女對父母尊重有之，但是孝順、反哺感恩之舉，則日益減少，且逐漸被視為理所當然。影響所及，年輕國人價值觀多有不同，孝順在中小學課本中雖有提及，但是觀念已逐漸淡薄。

親情存於基因裡，在遺傳演化中改變不多。但孝順可以受文化、風俗、習慣等影響，欣見福智文教基金會，努力將我們周邊孝子（女）的故事發掘出來並予以付梓，十步之內雖有芳草，若無有心人，芳草無法馨傳千里。本書中每一位主角的孝心孝行，足以成為我們仿效及傳頌的對象，「孝」若有了，相信一切就順了！因為，孝順的人，其言行絕不會讓父母傷心或蒙羞。相信社會善良風氣之重振，部分繫於喚起國人心中對孝道之重新重視並身體力行。

推薦序二

效仿天地，闡揚孝道

郭基瑞
（福智文教基金會執行長）

子曰：「夫孝，天之經也，地之義也，民之行也。」

——《孝經》三才章 第七

我們東方文化最大的特色，就是「天人合一」——天對萬物無私地覆蓋，沒有私心；大地孕育萬物，也沒有私心；人，生於天地之間，當以天地為表率，所以，「天地人」就號稱三才。

若要成為三才，「人」必須效法天地的精神，無私奉獻，成為像天地一樣，運行不息。

而「孝道」可說是東方文化的代表，若將天地精神融入家庭，即以父為「天」，以母為「地」，兒女則是「人」，家庭就是「三才」的濃縮。所以，今天談孝道文化，就是最符順自然的事情。若是能在家行孝，人就會和善；家庭就會和諧；社會就會平安；世界就會和平。

現今世界有很多天災人禍，環境的失衡、國與國之間的衝突等等，皆已違背天地的精神。若想改變現況，必須從孝道做起。

這本書，正是闡揚孝道的精神。福智文教基金會為順應天地精神，於二〇一九年首次舉辦孝行楷模選拔，選出二十四位孝行楷模，本書特別從中選出六位代表的故事，介紹給大家。期盼能將孝行的美德推廣、弘揚，讓家庭更和諧，讓世界更美好！

推薦序三

孝悌之道，鼓舞良善本質

張崑將
（臺灣師範大學東亞學系教授）

古有二十四孝，今有《走一路柳暗花明》。本書記載了多樣的孝，讓孝順之意涵在現代繼續發光。

每次有緣跟美麗老師在一起，只要提到她的生命故事，都不免驚歎這世界上真有傳奇人物，既豐富離奇又讓人笑中帶淚。美麗老師的精彩生命故事，能寫出來的只是千萬分之一，但我想最重要的是這篇她與母親之間的感人故事。文中寫著從小對母親既複雜又深邃的情感，從叛逆而知恩、念恩到報恩，透過追念母恩，深刻地銘記過往母親為了不讓自己驕傲而用了特別嚴厲的教育方式，直到自己懂事後才能明白母親的用心。文中最感人的一段美麗畫面，是母親失智後，有一次大老遠地忽然跑到婆婆家，告誡美麗老師要孝順婆婆如孝順母親一樣。失智的母親依然心心念念惦記著子女，依然傳遞著孝道的精神，當講到婆婆、失智母親及自己三人的手掌疊在一起的畫面時，世上沒有比這個更為情真意切的美麗畫面了。世界上因有孝悌之道而能激勵人用感恩的心來面對這個世界，讓世界更純真善良。美麗老師的孝行事跡，當能鼓舞許多人興起「有為者，亦若是」的漣漪效應。

新聞媒體每逢一段時間，便會看到子弒父或兄弟相殘的悲劇，這些悲劇的發生往往非一日之寒，而是在一個關鍵環節上長期忽視它，如同癌細胞越長越大，最後吞噬了整個家庭。文興這個孝悌實踐的例子，剛好點出許多類似家庭中永遠的痛，讓多數家庭在既找不到出口，又苦無解決辦法的困境中，給予絕處逢生的效法典範。

文興怎麼做到的？在這篇孝行事跡中，我們可以看到文興一開始想用金錢上的問題解決自己與兄長，以及父親與兄長之間的緊張關係，但最後發現一切問題重回原點。於是，文與透過學習，並努力去實踐關懷與陪伴，深入了解親人的內心世界，打開自己與雙親及兄長之間的心結，其中最難能可貴的是，他也引領家人走上學習心靈成長之路，教他們如何透過觀功念恩的實踐，讓彼此看到對方的優點，使得本是瀕臨破碎的家庭，成為和樂融融的家庭。我想這就是孝悌的智慧與力量。

儒家有「大孝終身慕父母」，佛法更有「親得離塵垢，子道方成就」，文與在二萬八千里外還能克盡其孝悌之道，讓兄長動轉心意，重回正軌，改善了自己與兄長、雙親與兄長的緊張關係，文字敘述簡潔，但蘊藏多年的努力、陪伴與心血。問題的解決無非透過不斷地學習，將觀功念恩法門實踐在自己身上。所以，並不是文與神奇、或是文與厲害，而是孝悌的力量本來就有超越時空的神奇力量，所謂「人有善願，天必從之」，古代聖賢之智慧言語，特別是孝悌的善願，只要你努力去學習並實踐，從不欺人，我們在文與的孝悌實踐事跡上，便看到了這股神奇的力量。孝悌的實踐精神，關鍵在於觀功念恩，如果這世界上有神仙妙藥的話，那就是學會觀功念恩，文與一家的神奇改變，見證了這個神奇的效果。

除此之外，本書更記載了石景程、妙娥、陳靜宜、王旭朗的故事。翻閱它，你也將從中感受孝順的真諦。

推薦序四

一切的初始

傅佩榮
（臺灣大學哲學系教授）

我們人的生命，從家庭開始，所以人生的修養，也從家庭中的人際關係為基礎。

親仁盡孝，念恩繞境父母心

石景程（文／李　笭）

藉由繞境，我和父親走上歷史的軌跡，學著親近仁德，實現孝行。

打開車門，夜幕早已降臨，地下停車場靜悄悄的，只有車子的引擎聲在其中迴盪。

習慣性地拿出手機，我按下熟悉的號碼，並按下擴音鍵。電話的嘟嘟聲在車內響起的同時，我打了左轉的方向燈，規律的「答、答」聲與電話聲一呼一應。

「喂？」父親低沉地喚了一句後，問：「你下班了？」

「對，正在回去的路上，你們吃飽了嗎？」

我清了清喉嚨，將語調放緩，以往講話不夠注意，總隨著當日的情緒而起伏，也常有講話過分直白而不留餘地的狀況。毫不修飾的言語最是傷人，父母大概是最大的受害者，因此長久以來也讓我們原先相互信任的關係蒙上一層陰影。

如果說，我與父母之間有一扇門的話，原本那扇門是敞開的，連門板也沒有，輕易便可以互通有無，開心交流。隨著我的年紀變大，脾氣日益火爆之後，原來寬敞的門便漸漸關上了，我更用「情緒」這道鎖掛在上頭，要開不開，但憑情緒做主。

最近開始意識到不該如此，但積習難改，若不特別注意，固有的脾氣又會悄悄升起。

「早就吃飽囉。對了，看情況到時候天氣會很不錯，記得帽子一定要帶！天熱，不戴帽子受不了的。」父親的聲音帶著關心，讓我微微一笑。

「當然，我會的。你也是啊，帽子、毛巾可都要帶著。」

「我都參加幾年了，與其擔心我，你更要多小心啊！」

父親忍不住笑了出來，我想了想，也覺得好笑，我這個第一次參加繞境的新手，怎麼一副老生常談的模樣對父親叮嚀。

「好期待啊，繞境。」

「那當然，小子，你會大開眼界的。」

掛上了電話，父親開朗的聲音好似仍舊在車廂內迴盪，一時間有些感

面對至親，我們總忘記收斂，
因而用最不加修飾，最赤裸的方式傷害他們。

慨，好像很久沒聽見父親這般開懷大笑了。

父親一向是個多話的人，各種話題隨意捻來，很少會有沉默或是尷尬的狀況產生。只是，隨著我的脾氣日益暴躁，他原本爽朗的笑聲少了，父親漸趨沉默，聲音也隨之低落了下來。只有沒察覺的我在電話另一頭絮絮叨叨，自顧自地大放厥詞。

人似乎總是這樣的，面對至親，最容易不加掩飾，以最糟的方式對應，於是，傷害在無聲無息中不斷累積。說來慚愧，這樣的狀況持續了許久，直到最近我才深刻地感悟到，繼續這樣是不行的。

追根究柢，不難推理出我個性逐漸改變的原因——自己從事的工作壓力過大，而我無從宣洩，讓家人慘遭池魚之殃。

出社會前，我只是一個隨處可見的普通大學生，平時顧好成績，其他時間就和朋友們到處玩樂，對於出社會的憧憬止步於經濟狀況變好，更有能力到處遊玩。當然，我也知道工作不是輕鬆的事情，但依舊沒有一個確切的想像，知道未來會如何。

我和我的朋友們，或者說與大部分七十年代理工科系的男性一樣，都過著如同模板一般，固定而呆板的生活，大同小異地追求相似的目標：求學時攻讀理工科系，畢業後進入一間發展穩定的公司。

回頭一看，同個世代的我們似乎只是掛上不同校名，標上不同廠牌的貨物，但本質卻是學校年復一年，一批接著一批銷出的加工品。話雖如此，這也並不是什麼稀罕的事情，那個年代的教育體制下出來的學生大多如此。

畢業後，理工科系的人為符合社會價值認定的「該追求的方向」，通常選擇進入電子業，自己也是這麼懵懵懂懂地背負著他人的期待走入這個行業。

進入電子業後，壓力便排山倒海而來。其中一個原因是電子公司的工廠通常是二十四小時運轉著，所以公司對於工作效率有非常高的要求，一旦生產線上的物品有缺陷，就必須快速找出原因，否則不停生產有缺陷的東西，會導致公司巨大的損失。

為了預防、發現、解決這些可能發生或已經發生的問題，我們的內心無可避免地聚集龐大的心理壓力。投注在其中的我們只顧著和時間戰鬥，所以忽略了人際關係最重要的一環：溝通。

在同樣時空背景下長大的我們有太多的相似，習慣沉默與嚴肅。當問題索命般地逼近時，我們比較少選擇以溝通、討論的方式來解決問題，滿腦子只有：「我為什麼要花這麼多時間去在乎同事的感受？比起討論與尊重，更重要的是要趕快找出問題和答案！」

擔心延宕找到問題的時間，讓我們變得更加急躁。

我們本是帶著情感、熱血以及潛力的液態原料，只是在現實嚴苛的鑄造下，無可避免地漸漸被機器同化，開始不苟言笑，做事講求效率。不知何時開始，我與人相處的時候，會下意識地避開眼神，彷彿一對上眼睛就會被人透過靈魂之窗看清我的內心——冰冷，毫無溫度。

我們就像一隻負責發電的倉鼠，鑽入由科技產物打造的牢籠，踏上跑輪，努力奔跑。跑輪越轉越快，我們就必須更加努力地衝刺，也因此感受到更大的風壓、阻力。漸漸地，身體跟著越壓越低，再也不能起身，因為只要一起身，就會被甩出這裡。

沒有人知道被離心力拋出去會不會死於非命，但最起碼當時的我能確定，一旦失去工作，經濟就會出現狀況。我只能帶著惴惴不安的心，持續督促自己要更加拚命。

外相看來，我是一位年少有為的青年才俊，殊不知我正在牢籠裡、跑

我們的內心無可避免地聚集龐大的壓力，
因而常常忽略了人際關係最重要的一環：溝通。

輪上，踏著那個速度已經不受控制的跑輪，在這種惡性循環中越陷越深。

壓力越大，就越容易往死胡同鑽。在當時的我看來，那不單單是公司的問題，而是時代、社會，與整個大環境一點一滴加諸起來，把我折磨得不再像我自己。心中像是有個黑洞，自我被深深拉扯，於是越想逃脫，便陷得越深，看到的也都是糟糕的一面，於是忽略了其中的溫暖，然後自顧自地生起氣來。

二〇一二年我升職了，壓力因此跟著翻倍，負面情緒也達到巔峰。在此之前，硬生生吞下又無法消化的痛苦，早已化作胼手與胝足，而今它進一步侵蝕心靈，終於讓我連日常生活裡說出的話都帶著刺。

平時在公司對待下屬那暴躁和易怒的態度，被我帶回家來對付家人。工作經驗讓我認知到，謾罵與要求是最快也是最容易解決問題的方式，當時無法意識到這些行為不過是治標不治本，更沒有考慮到長久下來會發生什麼問題。我就像顆地雷，誰點誰爆，即使是面對父母依舊故我，因為親近的關係所以我暢所欲為。

當時精疲力盡的我無法考慮這樣的態度是否會讓父母受傷，任由情緒弄得雙方關係更加冷漠。

而我雖然脾氣火爆，卻也很會「審時度勢」，至少每次我的爆脾氣發作時，通常都是對個性較溫柔的母親，對於較有威嚴的父親，還是有稍微收斂。但無論如何，壞脾氣藏不住，加上我一直是個腦筋動得很快的人，辯論也厲害，單論嘴上功夫，要辯得過我是很困難的。

母親個性溫吞，常被噎得話語一滯，不曉得怎麼回應。

我因而更加得寸進尺，只要是我看不慣、認為不對的事情，我便會大加「指導」。美其名是讓母親知道正確觀念，讓母親不至於重複犯錯，實質上卻是咄咄逼人，不留半些退路給人走。

被我的話堵得什麼也說不出來的母親，只能虛弱地拋下一句：「好啦，你長大了，翅膀硬了，對我講話都是用這種態度啦！」

一遍又一遍，母親黯淡的表情，深深烙印在我的腦海。

「妳每次都這樣，我說的難道是錯的嗎？跟妳說對的觀念，妳都不改，講不贏就用這招，說我長大了、會飛了。」

母親大抵有些絕望，忍不住流下眼淚：「好啦，你長大了，說的都是對的啦。」

我沒有意識到自己的態度讓母親難過，反而懷疑母親是不是抓準我會因為她的眼淚心疼，才每次都用這招牽制我。而這個念頭，又會讓我更加煩躁。獨自在內心糾結，自己是對的，是為了她好才跟她說，她為什麼就是不願意改？不明白我的苦口婆心？

父親將我們的互動看在眼裡，有時會打電話來勸誡我。

「你媽哭了。」父親的語氣帶著嘆息，讓我忍不住皺起了眉。

「我又沒說什麼，怎麼又哭了？」

「她一直問這個孩子怎麼變成這樣。你錢賺得多，也不吝於拿回家，可以感覺到你是掛心家中的。這讓我們很高興，但你講話的態度就不能改嗎？」

母親似乎總在夜深人靜之時，淚濕枕頭。她不解怎麼好好一個貼心的孩子，會隨著年歲增長反而不懂事了起來。

對母親的反應，我啞口無言，不曉得怎麼反應，只能替她打上情緒化的標籤，便略過不提。母親一直是容易受情感驅使的人，容易感動，也容易悲傷，有時連看個八點檔也能潸然淚下。我將她的眼淚視為情感佔了上風，從未放在心上。

我以為只要讓父母過著衣食無缺的生活，便是盡了子女的責任，未能想過，真正要做的，是帶給他們快樂，看著他們微笑。

妻子曾柔聲勸告：「你對爸、媽講話一定要這樣嗎？」

「但我講的是對的啊！不對就要改，不是嗎？不然難道讓他們一直錯下去嗎？那才是真的不孝！」

我以關懷之名，行自大之實，
卻仍沒有覺察，依舊我行我素地傷害最親近的家人。

我那時候就是得理不饒人，從來就沒察覺到，我的一言一行有多麼自以為是。妻子看著我理直氣壯的表情，忍不住嘆了口氣，然後不再回嘴。後來想想，妻子之所以不再回應，與母親丟下那句：「翅膀硬了。」的原因是一樣的——為了避免與我有更大的爭吵。

因為不曾想過，所以我們的關係越趨惡化，曾有的溫暖回憶似乎變得不再真實，讓我不明就裡。為什麼呢？為什麼我們會這般互相折磨？我好像找不著那把開啟心門的鑰匙，所以無法靠近父母，更無法聆聽他們心底真正的聲音。

無論是妻子，還是父母親，大抵都知道我這些令人難堪的言論，不是為了刻意傷害周遭的人，卻也不曉得怎麼才能與我溝通。於是我們的關係就這樣不上不下地卡在那邊，難以更進一步。

推動我轉變的契機，是我的岳父。

也許是印證了那句老話：「對待越親近的人，我們越是放肆。」所以我對父母直言相對；對妻子不加修飾；也對兒子厲色相待。儘管我的出發點是為了他們著想，言語卻化為利劍，傷害了他們。但對於岳父就不同了，我會顧慮彼此沒有血緣關係，加上婚後為了減緩照顧小孩及南北奔波的辛苦，所以選擇與岳父母同住，我更加不敢放肆，脾氣也收斂了不少。

岳父與我是有些相似的，同樣沉默、高傲、不善表達，一開始會覺得他與我是同類人，但隨著時間流逝，竟看到岳父漸漸地改變。他開始會幫忙洗碗、掃地，樂於協助家務。我難以置信高傲的岳父會放下身段為家人服務，因而十分好奇是什麼原因促使了他的改變？

「爸，你最近好像有點不太一樣？」我端來一盤水果，狀似無意地問著他。

「哈哈，有感覺到是吧？這樣很好，這樣很好。」岳父笑了笑，拿起叉子叉起一塊水梨，吃了兩口，又放下來，直視著我，眼睛閃爍著光芒，看著十分晶亮。

「其實是因為我最近開始學了佛法，覺得很多事好像能夠做得更好，所以開始學著改。」

「佛法？」

「是啊，很不錯的，學起來有很多收穫。怎麼樣，想不想也來學？」

「哈哈哈，看看吧，有機會再說！最近太忙啦，一直在加班，實在沒時間。」

對於岳父的邀約，我含糊其辭，實則是不懂為何要學？為何要改？一開始，我以工作為由推託，一年、兩年就這麼過去了，本以為只要時間一長，這個提議就會自然而然被遺忘，岳父卻沒讓我蒙混過去，不斷邀請。

盛情難卻，最終我仍是去了。

剛開始學的時候，我「其心可議」，畢竟並非出於真心而來，因此心中暗自盤算要在學的過程中找到其中的矛盾之處，藉此攻破他們，也好有個正當理由離開。

如意算盤打得響，卻沒有成功。因為即使是與原先立場相悖的觀點，卻怎麼找、怎麼挑，也難以推翻，再想質疑，也挑不出錯。我從沒想過佛法會是如此合乎邏輯，處處周全的學問。

原有的價值觀與在佛法學習到的內涵相互衝突，相悖觀點的拉扯使我十分衝擊，甚至有些痛苦。過程中似乎不停否定一直以來的理念與行為。但難道就不改了嗎？我也是不願的，我希望自己成為更好的人。我試著解構、重組，讓自己再度得到平衡。

理論的印證來自實際經驗的反饋。

那時，我要在三個月內完成新工廠的規劃，為了搶生意，所有人都希

因為你只注重表象的事情，
才會得到停留在表面的答案，沒有往心裡面去看。

望速度越快越好。但欲速則不達，為了趕快，反而在規劃上產生很多問題，因此有將近一個月的時間，我天天被上司叫去罵，承受很大的壓力。壓力帶來的是一貫的反應——越發暴躁的脾氣以及不留情的反應。現在回想，一時間想不起來當時發了多少火，又讓他人受了多少傷。

也許是鬱悶的情緒表現得實在太明顯，引來了岳父的關懷。一次下班後，我拖著疲憊的身軀回家，拿著妻子特地為我留下的飯菜，囫圇吞棗地便往嘴裡扒。

「最近很累？」岳父端了一杯茶來，揀選一張沙發後隨興地坐下。

「有點。我擔心無法完成老闆交代下來的任務。」

當時我學習得不夠深刻，在學佛過程中學到的內涵難以實踐，導致理論歸理論，卻始終無法落實。雖然知道應該學會抽離主觀意識，更客觀地看待事情。但說來容易，做起來實在很難。

「無法完成，又會怎麼樣？」

岳父的話語使我動作一滯，夾著的菠菜從筷子上掉落，想了想，我放下碗筷。

「工作會沒有辦法晉升，沒有辦法往上爬……。嚴重一點的話，可能會被開除，然後我就沒有辦法賺錢、養家活口了。」

「如果你現在的能力就只到這裡，當然只能被罵，那失去工作、無法養家活口，也是剛好而已啊。」岳父沒有安慰我，淡淡地回應著。

「剛好而已？剛好……。」

我反覆喃喃念著，那瞬間竟像是遭逢雷擊，一切思緒都澄澈了起來。確實，我現在的能力就是到這裡而已，能力只有這樣，當然會不斷被罵，在這個情況下應該擔心的不是會不會被開除，而是如何增長自己的能力。

「因為你只注重表象的事情，沒有往心裡面去看，所以才會得到停留在表面的答案。」

岳父的話讓我想起教導我們的師父曾說過相似的話：「真正的目標不

在把事情做好，而是在做事的過程中提升自己。」

我像是被當頭棒喝，驚覺自己一直以來都在往外看，只要有問題產生，我就會認為都是別人的錯、是別人造成這些困難的，以為只要解決別人的問題一切就能迎刃而解，完全沒有認真反省過自己。但我不應該執著在事情的成功或失敗，也不該因為這些成敗而怪罪他人，應該要去了解自己面對問題時，背後的「心」。如此一來，才能知道自己真正害怕、真正想要的是什麼？

我被擔憂無法做好事情的壓力追趕著，因而從未思考，這些壓力對我來說到底代表什麼？

至此，我才開始往心裡面看，試著從源頭看起，重新看待壓力的來由；思考自己的作為，藉此學習改變自己。面對工作，抑或是自己的人際關係也有了新的眼界和心境。

明明時間還是一樣緊迫，工作量仍然繁重，可是心態一轉，很多事情就不再帶來令人崩潰的壓力。正是因為學了佛法，引導我了解困境背後的意涵，明白每一個壓力，都來源於心。這讓我不再容易因小事生氣，也更能同理他人的心情。

重新反省過往與他人的互動，我發現學會站在他人角度思考之前，自己其實都只是在抱怨，從沒有真正解決問題。比如以前，當下屬問我問題時，我只會命令他照做，卻從未想要解釋，甚至認為解釋實在太過浪費時間；學習後心境平穩了，也才第一次想到，下屬的疑問或許是來自於我們背景知識的不同。若不曾冷靜看待，我依舊在同樣的迴圈，用同樣憤怒的火焰燙傷所有靠近我的人。

理解他人，讓我能解決人際互動的困難，而練習考慮他人的心情久了，也讓我重新思索與家人的互動。同家人的關係之所以會變得緊張，都是因為那些沒處理好的問題像一顆顆未燃燒殆盡的火苗累積在心裡，餘火相互助燃，讓我變得容易動怒。家人因而不知如何與我相處，於是原本其小時候，總能打從心裡記得父母的諸多關愛；
但長大後，這種感受卻全拋諸腦後了。

樂融融的家庭，變得沉默，彷彿一個眼神、一個字詞，都會使我內心的躁動爆炸。

如今，因為學佛，我看懂了自己的起心動念，那些火苗終於得以消弭，人生也有了轉變。作為壓力根源的工作既已得到舒緩，接下來，就要替那些火苗引發的災禍善後。

我一直打著「最親近的人，最不該有任何掩飾」的旗幟，以自以為是的態度對待親密的家人，從未思索他們需要什麼？我又給了他們什麼？總以關心之名行傷害之實。學了佛法讓我的心漸漸變得柔軟，加上有了孩子，才讓我進一步體認到父母的心境。

我希望我的孩子能過得更好，我的父母又何嘗不是這樣想的？認真回想，我才驚覺自己接受了多少愛，卻又多麼拙於表達我的謝意。

老一輩訓斥年輕人最常提的便是要人讀了書後能知書達禮，不要讀完就拋在腦後。我想我就是讀書讀到「忘我」的最佳典範，書讀到大學，卻連基本的待人接物都忘了。明明以前還是學生時，儘管不曾訴諸於口，卻總能從小地方理解父母對自己的關愛，並記於心裡。長大了，卻全都拋諸腦後。

父親與我不同，他總將學過的道理銘記於心，然後應用在日常生活中。父親是苦過來的，爺爺在外欠下許多賭債，讓他年紀輕輕就要外出工作，但他從不喊累，也不說辛苦，只是沉默地將責任擔在背上。好賭的爺爺在家又是嚴肅且權威的模樣，說一是一，父親只能照做，也因此兩人感情較為疏離，鮮少有溫馨的回憶。

或許，是因為那樣的親子關係讓父親十分遺憾，也或許，是因為他並不希望自己重蹈覆轍，所以他特別重視親子間的相處。只要不工作時，都會盡量陪著我們。

記得國中的時候，爸爸都會帶我去學校的籃球場打球。不曉得有多少人跟我一樣，是在父親細心的帶領下學會怎麼打球的，但我可以肯定的說，我的朋友們很少跟我擁有一樣的親子交流。因為那個年代的父親通常忙於工作，閒暇時只想休息。

父親或許至今都不知道，某次，在他用那雙掛著黑眼圈的眼睛若無其事地看著我，說這週末要帶我去打球時，我腦海裡浮現的，竟是他下班後泡澡的畫面。

在早該進入夢鄉的深夜，父親獨自一人駝著背，拖著沉重的步伐踏進浴室。轉開水龍頭時，嘩啦嘩啦的水聲沖入黃色的塑膠泡澡桶中，水花反覆沖撞的聲音在小小的浴室內迴盪，直到水位來到一定的高度，這些聲響才逐漸降低。

他進入泡澡桶，多的水朝四面八方湧出。熱氣中，父親閉著眼，嘆了口氣，將雙臂放在桶緣，深深呼吸，減輕了幾成疲倦，同時也增添了幾成睡意。萬籟俱寂的深夜，不，或許有幾顆水珠不受控地沿著水龍頭或桶緣滴落，滴答滴答，代替綿羊引領父親進入夢鄉。

說來突兀，其實我很好奇，水柱與塑膠桶碰撞的聲響有沒有挑釁到父親疲倦的心靈，讓他止不住心煩意亂？還是，父親已經累得麻木，再沒有心力在意無聊的瑣事，一心只想泡個澡休息一下。

然而，這種疑問，和入桶時溢出的水一樣，不會特地回收使用，所以，我從來沒問過，也就更不可能知道答案了。

腦海控制不住的想像，肯定是因為母親在不久前有意無意地提過：「昨天晚上，我起來上廁所，沒想到看到你爸一邊泡澡，一邊打盹，要是感冒就不好了。」

我對母親的話印象深刻，總止不住想到父親辛勞而困倦的臉，既深深感謝他的付出，也很敬佩即使他這般疲憊，依舊不曾忘記陪伴孩子。

母親也是，因為經歷過辛苦的生活，所以只要有好東西就會想給孩子，希望我們能衣食無虞、生活無缺。以往我會抱怨母親想法過時，總用以前的觀念加諸在我們身上，卻不曾考慮對經歷過那個辛苦年代的母親而

父母總將他們認為最好、最珍貴的東西留給孩子，
只因那是他們知道最寶貴的事物。

言，那是她認知中對我們最好的東西，是她珍視地捧在手上的事物。她是為了我們好，才想給予。

仔細想想，許多時候我嘴上說是為了他們，其實是仗著自己學習了「新知識」，認定父母食古不化，知識量不足，想要粗暴地改掉他們的習慣罷了。

還好我是幸運的，不論我是何模樣，父母都以一貫親密而溫和的態度對待我，讓我有改變的機會。

我真的想對他們更好一些。

和父母關係會變得緊張，始作俑者是我，所謂解鈴還須繫鈴人，如今

想要修復關係，就必須從自己開始做些什麼。我不住家裡，無法日日陪伴父母，只能做到常常打電話回去關心。以往也不是不打電話的，只是任由情緒割裂話語，讓沉重與靜默在話筒中蔓延。

我開始學著調整自己說話的方式，卸下情緒的鎖，撞開封閉的大門，重新走向父母。時間日久，笑聲漸增，倒像是拾起過往和父母歡笑的回憶。讓我更加孺慕，渴望更靠近他們。

當時糊里糊塗的，不知道什麼樣才是最好的方式，只能一股勁地打電話，一年就這樣過去了。當天氣漸漸回暖，才給我一個靈感。

老家位於彰化，媽祖文化盛行，記憶中父親每年大概三月，便會消失幾天，只為參加繞境，與鄉親一同共襄盛舉。從彰化南瑤宮出發，途經雲林、嘉義，再繞回彰化。人們一路跟著媽祖走，可說是熱熱鬧鬧、浩浩蕩蕩，氣氛不只熱烈，更充滿了熱情與景仰。

我只知道父親一直以來都會報名參與。但除此之外，無論是繞境確切的時間、路線，或是父親與廟方的關係、為何積極參與活動，我全然不知，又或者，我根本不關心，只理所當然地認為那是他老人家的興趣。

直到和父親深入聊了相關的話題，才驚覺父親之所以參加繞境，是因為那是家族很重要的歷史。

兩百年前，彰化南瑤宮草創初期，開了好幾次會，最後都因經費不足導致建廟的規劃遲遲無法落實，石家的祖先知道後，義不容辭地出了不足的經費。他們並非很有錢，只是希望後代能體會到媽祖那份饒益眾生的心。而祖先的心意就這樣傳承下來，到父親時，大概因而產生了使命感，所以總盡可能參與廟裡的活動。繞境即是一種表現，一步一腳印，父親沿著歷史的軌跡，走向當初祖先流傳下來的美德。

如果跟父親一同繞境，我是不是能更貼近父親？更貼近家裡想傳遞的那份溫暖的心意？

「爸，今年繞境，我跟你一起參加好嗎？」

一次的通話中，我狀似不經意地詢問。父親大概沒想過我會這樣問，他的聲音停了幾秒，只有呼吸聲細細密密地迴盪。

「當然好啊！」父親聲音難掩激動，頻頻地說：「太好了，太好了！」

從那天後，我與父親的話題多圍繞著繞境，既談過去、也談未來。在父親的說明中，我回到百年以前，看見祖先怎麼刻苦地存錢，又怎麼豪擲千金，只為了建廟，聽說祖先會在有瘟疫或天災時，建造乞丐寮，為了幫助他人；我也在父親的話語中前往幾月以後，一同展望繞境會見到的風光，聆聽可能感受的喜悅與虔敬。

繞境，不只是一種民俗的活動，更是心與心的交流，一種家族間的緊密連結。

「你知道什麼是香擔吧？」

跟著父親的腳步，我們跨過門檻，從偏門走進南瑤宮。廟中的人們來

對我們而言，繞境不只是民俗活動，
更是家族的傳承；心與心的交流。

來去去，有人虔誠地跪拜於地；有人拿著香沿著各殿逐一參拜；有人手捧著筊杯呢喃著自己的心願。大家各有所求，各有所願卻展現出一樣虔誠的心意。

「當然啊，就算我很少參與廟中事務，但我可是從小在這邊長大的小孩呢！怎麼可能不知道！」我笑了笑。

香擔，放著香火的擔子，繞境過程中會有人負責扛，並保護香擔，避免其中的廟火熄滅。到達祖廟後，更要交換香灰，有一說是這樣的動作象徵飲水思源，像是一種傳承，生生不息。

「從百年以前，我們祖先就是這樣照顧香擔，一直傳到我，我們石家都是『香擔組』的。我也希望我的子孫們可以時時憶念祖先的品德，將這份心意傳至下一代。」

父親仰望著南瑤宮中主神——媽祖的神像，香產生的煙氣向上薰，使媽祖慈悲的表情看來更加柔和。父親的喟嘆帶著沉沉的重量，讓我忍不住伸手撫著胸口。第一次，我感受到了石家悠久的傳統與使命。

繞境那日，三月的天卻熱得像七月一般。到了中午，沒有一個人不是全身掛滿大大小小的汗珠。這種天氣下，毛巾風乾的速度趕不上汗水產出的速度，即使拿毛巾反覆擦拭，仍舊沒有什麼效果。

好不容易抵達休息的宮廟，飯菜香爭先恐後地衝入鼻腔，香氣把疲倦的人們使勁拉進休息的區域，勾起因勞累而消失的食慾。豔陽高照之時，涼快的走廊與樹蔭是兵家相爭之地，而我深知這是一場速度之間的對決，手腳不夠快的人，只能繼續頂著豔陽用餐。

我和父親到達時，大樹底下還有位置，蔽天的枝椏稍稍遮蔽了蒸騰的暑氣，帶來一絲涼快。我請父親先休息，自己走去前方盛裝飯菜，也許是因為久走的緣故，飢餓感更加鮮明，連帶著讓飯菜的香味更加誘人。

把午餐遞給父親，我仔細端詳手中的碗。因為樹蔭而斑駁的陽光灑在碗上，讓帶著香氣的食物幾乎快看不清，這帶來一種不真實的感覺。若是以前，我不會出現在這裡，若我還跟以前一樣，我就沒有機會和父親一起留著汗，肩並肩地在這裡吃飯。

想到這裡，我忍不住微笑，碗裡的食物也勾起一個回憶。

出社會後，每次回老家吃飯，餐桌上都會出現許多葷食。應是因為父母看到我們回來，所以想準備得豐盛一些。一開始，我是不以為意的，還覺得這樣認真準備的父母有些可愛，但我們幾乎每個月都會回家一趟，看久了就會覺得營養不均衡。

「媽，妳不要每次都準備這麼多葷食，不健康。」

「什麼話，我孫子還在成長，當然要多吃一些啊！」

「但這樣油脂含量太高啦，多煮些青菜比較健康。」

「說什麼呢，你們不也都是吃這些長大，也很健康啊。」

一開始是有些不愉快的，但我不想總和他們爭吵，努力理解他們的想法，才注意到母親的行為，是因為那個年代比較貧窮，很少吃到葷食，對他們而言，那些山珍海味都是珍貴而難得的。以前沒有條件吃，現在有能力了，他們當然想把那時候吃不到的、好的東西給孩子。

「你怎麼不趕快吃？吃不慣嗎？」父親看我坐在那裡慢慢咀嚼，像在發呆，便出聲喊我。

「沒有啦，沒事。」我看向父親，露出微笑。

吃完後，我想起廟方還有提供湯，便想去盛一些。

「爸，你在這邊等一下，我去盛湯。人越來越多了，你不要離開，在這邊等我，不然樹蔭馬上就會被佔走了！」

「我們就已經吃飽啦，喝個湯而已，把位置讓給後面來的人吧。」父親起身，拍拍褲子上的草屑，率先朝前走去。

那一剎那，我真的體認到自己跟父親的差異。不由得慚愧，心想：我讀到大學畢業，甚至在公司當到了管理階層，學佛也一陣子了，怎麼連替人著想都做不到？

父親重視的一切，包含祖先的仁德與將之傳承的責任，
我也應該內化並傳承下去。

我的心遠遠沒有父親來的細膩與寬廣。儘管父親沒讀什麼書，卻有著崇高的品德，令人景仰。父親重視的一切，包含祖先當初出資蓋廟的仁德，與他們傳承下來的責任，我也應該內化並傳承下去。我想和父親一樣，成為一位有著高尚品德、有責任心的人。

「你這次怎麼突然想跟我一起來？」父親喝著湯，臉上帶著不自在，像是考慮許久，又像是終於找到時機發問一樣。父親應該很意外吧，我願意同他一起來繞境。

「我出社會之後就一直看著外面，努力想往上爬，但我覺得那樣不對……。」我看著碗裡的湯，低聲地回應。

「這樣啊。」

餘光看見父親側臉露出欣慰的微笑，說不出的感動在心裡翻騰。雖然不好意思，但能當面說出這些話，我很替自己高興。心裡的那道門，終於坦率地打開了。

用餐完，我們一起走去丟垃圾，發現大家吃完的免洗碗筷都亂丟，垃圾也沒有分類，整個垃圾集中區亂糟糟的。我第一個念頭就是需要有人來整理，便蹲了下來，開始分類。把每一個紙碗裡的菜渣倒進廚餘桶後疊好，也把免洗筷集中起來。父親見狀，也沒說什麼，就這樣和我一起蹲下來整理。

後來用完餐的人看我們這樣分類，也會按著我們的分法，把自己的餐具、垃圾整理好。不知何時開始，當我再次起身環顧周遭時，幫忙整理的人又變多了，大家更自動自發地排隊進行分類。

以前的我如果看到雜亂的垃圾，應該只會覺得大家都不遵守規矩，然後抱著滿腹牢騷，整理好自己的垃圾就離開。哪能想到我會像現在這樣，和父親帶頭整理。看著大家一起整理的模樣，不禁覺得這場面有些可愛，或許大家只是沒有分類的習慣，只要給一點點的外力，就會自動自發地維護環境。

大功告成後，眾人都露出充滿成就感的滿足神情，互相道謝。

一位叔叔上來跟我們搭話，一開口就是：「如果不是你們，我們之前都沒想過要整理！太謝謝你們啦！」

「沒有啦！那是我兒子起的頭。」父親搭著我的肩，驕傲地笑著。

「喔？這麼懂事啊！不錯啊，懂事的年輕人很難得。」

「沒有啦，只是幫忙整理而已，能這麼快整理好也是多虧大家一起幫忙。」

「你兒子真的不錯，很乖。」叔叔拍了拍我的手臂，又說：「現在會來參加繞境的年輕人越來越少了，很羨慕你啊！像我家的小孩，每次問他都說沒空。」

「我都沒有問喔，是他自己說要來的。」

父親炫耀似地補充，然後和叔叔一起大笑出聲，我切身感受到父親多麼以我為傲，在一旁難掩開心。

天氣依然炎熱，我卻比剛出發時更有動力。不管是打電話、主動參加繞境，還是收拾垃圾，都讓我真切地體認到自己正在一點一滴地改變，隨著一步一步前進，和父親的關係也明顯改善了。

曾有人問我：「現在越來越少年輕人願意參加繞境了，你為什麼會來呢？」

我考慮了一會兒，這麼回答：「我覺得繞境是一種親近仁德與實踐孝悌的活動。」

大家都說媽祖慈悲為懷，透過繞境，就是在親近媽祖的善德，學習放寬心胸。而且，正因為參與了繞境，我與父親才重新建立起親密的互動，更因而認識了自己的祖先，知道他們雖然生性節儉，但是，他們非常願意為他人付出，而且，我的父親也繼承了這些美德，並落實在行為之中。

反觀自己，進入社會後眼裡只剩下金錢跟名利，實在羞愧。或許，我就是走得太快了，為了追逐成績，為了走上更高的社會地位，所以眼光狹

藉著繞境，我和父親走上歷史的軌跡，
學會親近仁德，實現孝行。

隘，以為只要能賺大錢便是成功，卻不知道自己真正想要的是什麼，不曾緩下來直面自己的狀態。

以前我只顧著往前衝刺，直到自己學習改變，才終於打開封閉的心門。我想要持續改變，繼續走向父親，慢慢修復因為自己的不成熟而在父親心裡留下的傷痕。

「喂？爸，我到火車站了。」

「我已經到了，你直接走出來。」

隔年三月，又是繞境的時節，因為妻子和小孩在台北有約，所以我獨自回彰化，並趁機和父親撒嬌，要他來火車站接我。一走出火車站，就看到父親的車。我泰然地跨出步伐。望著天空，發現天氣和去年不同，雖然晴朗卻不炎熱，是宜人的春天。我不禁想起去年的一些小事，露出淺笑。

「怎麼笑得這麼開心？」父親搖下車窗問。

「沒有啊，你特地來載我，當然開心。」說完，我打開車門，鑽入車內，看著轉過頭來的父親，笑道：「爸，今年也要一起努力讓活動圓滿喔。」

「喔！」

父親簡潔而愉悅地應和，帶著和我一樣的微笑轉回去。我想自己一定是已經跨過那道門，此後，我也不會再讓它出現在我們之間。

回到家，母親正忙進忙出，小小的身軀活力十足，我接過她手上的掃把，內外掃著。看著我勤奮的模樣，母親笑了出來。

「唉呦，不錯喔，有在修就是不一樣。」

不是第一次聽到這樣調笑似稱讚我改變了的言語，母親說過，父親、妻子甚至弟妹也曾這般評價。我很開心，我改變了，真的改變了。而且我知道，這只是開始而已，後面我還有更長遠的路要跟著大家一起走下去。

喜悅讓我的嘴角上揚，迎著陽光，我堅定地回答：「當然啊，這是一定要的。」

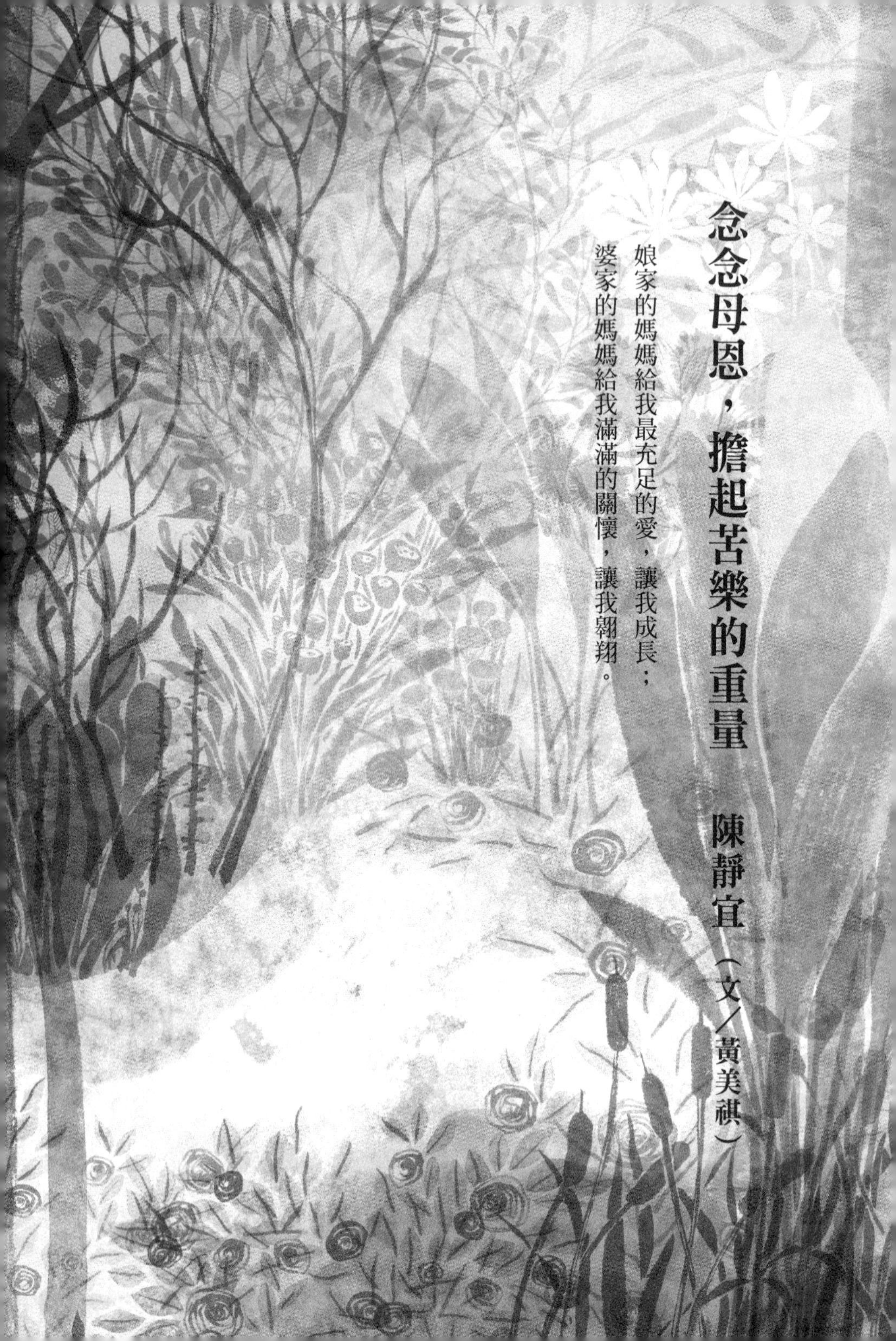

念念母恩，擔起苦樂的重量

陳靜宜（文／黃美祺）

娘家的媽媽給我最充足的愛，讓我成長；
婆家的媽媽給我滿滿的關懷，讓我翱翔。

今年年初，我和先生帶著婆婆和兩個小孩一起去廬山旅遊，這是婆婆生病後，我們久違的家族活動，讓人不免期待了起來。加上此次出遊，既可以享受家庭之樂，也同時能讓備考的兒子稍做放鬆，一石二鳥，更加具有意義。

冬季的天空灰濛濛的，襯得山上的空氣越發冰冷，人的情緒卻是亢奮的，或許是年節歡快氛圍的薰陶，又或許是久違的全家出遊令人欣喜，讓我總止不住地笑。天氣雖不晴朗，下起的細雪卻點燃了所有人的喜悅。漫天飛雪讓景色顯得如夢似幻，我看見婆婆的表情帶著驚訝與雀躍，她帶著柔和的笑容伸出手，讓雪花飄落在手心。

看著婆婆的表情，我問她：「媽，妳以前看過雪嗎？」

「沒哪，這是第一次！」

我看得出來婆婆是真心歡喜，在她六十八年的人生中，最冷也不過是能在空氣中呵出白霧，從沒看過真正的雪。所以第一次見到雪景，讓她有些興奮，像個孩子一般，眼神明亮，捧著雪捏著玩。我止不住地笑，自從婆婆病癒，我才體會到平安健康就是福。

雪景雖美，我卻無暇多看，只因山路有些陡峭。我擔心婆婆不慎跌倒，於是伸出手，小心翼翼地攙扶著她。

「靜宜啊，前幾天看到親家母，她氣色不錯，真是太好了。」婆婆拍了拍我握著她的手，語氣關切。

「媽，妳也要一直好好的啊。」我緩下了聲音，眉眼彎了起來。看見婆婆和母親感情這般好，實在令我高興。

結婚後，自己不像嫁進別人家，反倒像是多了位母親。

——以前我是不太習慣這般細心地照顧婆婆，除了親生父母，我還未曾這樣自然地攙扶過誰，即使是對我極好的婆婆，也有些彆扭。

想來是因為這幾年的種種經歷，讓我學會了感恩、孝順之道，心境也有了變化，因此能將婆婆視作親生母親，照顧的舉動便也成了一件再平常

婆婆的關懷熨貼我的心，
讓我感受到自己也是這個家的一份子。

不過的事了。

婆婆對我的態度一直都十分和善，如親生女兒般照看著我，一句重話也沒說過。不曉得這與婆婆和母親是多年相識有沒有關係，但可以肯定的是婆婆的關懷不假。

我很喜歡婆婆，她說話和氣，為人也圓融，以前聽人分享結婚可能會有的諸多苦悶，在這個家從未感受過。婆婆的關懷熨貼了我的心，讓我能感受到，自己不是外人，而是這個家庭的一份子。

為了讓我和丈夫能專注在工作，婆婆主動協助家務。每每帶著滿身疲憊回家，便有熱騰騰的飯菜放在桌上，我有些過意不去，婆婆卻會害羞地揮著手，連聲說道這沒什麼。

錦上添花易，雪中送炭難。婆婆最令我感激的，正是在我最憂愁的幾段時光裡，她總給我滿滿的支持。

大約在二〇〇三年到二〇〇七年間，我的父母接連生了重病，先是母親突然腦中風，由於腦幹出血、不省人事，住進了臺中榮總的加護病房。母親病發時我剛度完蜜月，正處在新婚的甜蜜之中，總笑容滿面，洋溢著滿滿的幸福。沒想到生命的打擊來得這麼快、這麼突然。

我清楚記得那天是假日，中午和母親一起吃了午餐後，下午我就去參加公司的活動了。離開前母親特地送我出家門，不曉得怎地，心臟卻劇烈跳動著，不祥的預感隨之蔓延。整個活動，我都不太能專心，總覺得心頭悶悶的，卻也不曉得原因為何。

後來想想，那大概是種預示，只是我沒有接收到。

活動結束後，我還在同他人寒暄時，手機鈴聲猛地響起，明明是輕柔的旋律卻嚇了我一大跳。手忙腳亂地從包包中翻出手機，朝螢幕一看——是弟弟打來的。這讓我有些困惑，平常只要我去參加活動，為免打擾到我，家人通常不會打電話過來。怎麼今天，弟弟卻破了例？

我對著身旁的同事笑了笑，說聲不好意思，便走到一旁接起電話。手機傳來的聲音有些吵雜，我只好用力將話筒壓向耳朵：「喂？怎麼……？」我剛開了個頭，就被匆匆打斷。

「姐，妳在哪？媽媽現在人在醫院，好像快要死掉了！妳快來！」弟弟的聲音有些哽咽，語氣急促地對我拋下一顆震撼彈。也不知道是不是那兒有什麼變故，他話一說完，便掛了電話。

我愣愣地拿著手機，恍惚地回了原位。

怎麼會？上午我才和母親一同用了頓飯，有說有笑的，怎麼才幾個小時，弟弟便打來說母親病危？這是玩笑話嗎？還是其實我正在作夢？

同事看我的神情不對，問了句：「姐，妳怎麼了？」

「我要去醫院，我弟說我媽病危……。」我猛然回神，起身收拾東西，拎起包，跌跌撞撞便往外跑。

同事趕忙攔下我：「姐，妳現在哭成這樣，開車太危險了，我載妳過去吧！」

聽他這麼說，我摸了摸自己的臉，才驀然發現自己竟在不知不覺中淚流滿面。

前往醫院途中，我看著窗外的景色，想到一個禮拜前的婚禮上，母親那帶著喜悅的神情，又想到她如今在醫院生死未卜，心中思緒紛雜。窗外的景色一閃而過，就像我的情緒一樣，在短短幾小時翻得快速

到了醫院後，才知道母親雖然狀況緊急，卻不像弟弟說得那般嚴重，至少不是立即有生命危險，讓我稍稍安下了心。

那段時間婆家給了我很大的支持，丈夫每天陪著我去醫院，婆婆總關懷地拍拍我的肩膀，穩定我的心。婆婆與母親是老相識了，婆婆說，她們

直到面對生死，我才明白，
有許多事情又怎能這麼簡單概括？

大概十七、十八歲就在同一家工廠工作。母親大婆婆四歲，也許是把婆婆當成了妹妹，因此非常照顧她。

婆婆常常溫暖地叮嚀我：「妳也不要太辛苦了，自己保重身體，不然累垮了怎麼辦？」

我點頭答應，又匆匆趕往醫院。看著病房內母親昏迷的身影，以及醫護人員走動的樣子，只覺得惶恐無措。母親才五十幾歲，怎麼就有可能隨時走了？我無法接受。醫院的白光讓我視線模糊，我眨了眨眼，試著忍住滿眶的熱淚。

我開始了醫院、住處、職場三點一線的來回，忙得團團轉。忙碌或許也是好的，至少不會想太多。每當心神雜亂，不知如何是好的時候，我就會去娘家的佛堂，默默地供水拜拜，祈禱神明保佑母親度過難關。

母親在醫院插管、氣切，身旁擺放了許多我不認得的醫療儀器，臉色灰敗地躺在病床上。由於母親在加護病房內，所以我無法相伴左右，只能待在病房外看著她，不斷祈禱能看見希望。

我總想到前陣子也因為腦溢血住院而被媒體大肆報導的溫世仁，擔心母親同這位董事長一樣，再也睜不開眼睛。每每只要醫生經過身旁，我總會渾身一顫，就怕聽到他說：「對不起。」

我不喜歡醫院這兩個字，因為那代表了別離、傷心與痛苦，似乎所有的悲歡離合都在那一方天地上演。然而那一陣子，醫院是我最鮮明的記憶，腦海被昏黃的走廊、刺眼的白色大褂以及藍色的病床給填滿。我呆坐在病床邊，看著至親緊閉的眼眸，惶然與不解在腦海重複上映。

「快醒來吧。」我緊握著雙手，喃喃祈禱著。聲聲的呼喚能上達天聽嗎？我不曉得，只能更用力地祈求。

以前我以為積極樂觀可以直面所有的挑戰，關關難過關關過，哪有什麼過不去的關卡、走不了的難關？直到面對生死，我才明白，有許多事情又怎能這麼簡單概括？

萬幸的是，手術後大約經歷兩個星期，母親便清醒了。我十分感激上蒼，沒有將她帶離我的身邊。

母親出院回家後，我們為她請了一個看護，看護照顧得無微不至，但是母親還是更依賴我。或許是生病的原因，讓母親變成一個老小孩。因此母親術後修復的那段時間，我經常回家，陪著母親坐在沙發上，一同看著枯燥的八點檔每日準時上演。

當時我也懷孕了，因為希望孩子能平安來到世上，加上想回去陪伴母親——當時她蒼白無力地躺在病床上的模樣讓我餘悸猶存，於是我毫不戀棧地放掉了工作。偶爾，我會將頭靠在母親身上，汲取她的溫度。那時真的能體會到何謂平凡就是幸福。

經歷一場大病，母親變得脆弱許多，除了比以前還要依賴我，偶爾甚至會同婆婆吃醋，會撒嬌般地對我說：「妳對妳婆婆比對我還好。」

「妳們都是我的媽媽呀！我同等地愛妳們。」我總這麼回覆她。

我將兩位母親視為生母，對待她們從沒有分別心，連買衣服，我都是兩人各買一件，同款不同色，她們穿來就像一對姐妹。

也許我與婆婆的好感情讓母親有些惶惑不安吧，她脆弱的神經像是蒲公英，輕飄飄地在空中飄散，找不到落腳處。為了多陪伴母親，我放緩了工作及生活的步調，希望能多和她相處，如此一來，既可避免母親胡思亂想，也可以使自己安心。

不久，母親漸漸好轉，讓我誤以為一切都將走上正軌。然而母親好轉後不久，卻又接到一個噩耗——父親也中風住院了。

這消息對我而言不啻於天崩地裂，我又再次經歷公司、醫院、家三點一線的生活，但上天似乎不會一再眷顧我，父親被宣布罹患了大腸癌，而且已經是末期，可以說是藥石罔效了。

診斷出來不過一年，父親便逝世了。送他離開後，家中氣氛十分沉悶。這幾年頻繁進出醫院，看著至親承受痛苦，身為子女卻無法為他們緩

母親大病一場之後，變成一個老小孩，
更需要我的陪伴，這時我真的體會到平凡就是幸福。

解，著實感到疲倦且無力。

至親重病的煎熬，在心中反覆灼燒，那樣痛苦而疲憊的日子，幸虧有婆婆的關懷與體諒，否則我想我是撐不過去的。

回頭想來，婆婆一直和我十分投緣，她總包容我的一切，也會認真地傾聽我的意見，更因為體諒我工作辛苦，主動處理家務、照顧孩子。在很多人眼中，我是很幸運的，沒有婆媳紛爭，還備受疼愛。

很多人常常問我，為什麼能跟婆婆關係這麼融洽？我想了想，這麼說：「大概是因為我把她當成我的母親看待吧。」

一開始，我對婆婆的好藏著私心，因為我希望未來兄長與小弟結婚之後，他們的妻子也能待我的父母好，所以總想成為示範，才待婆婆如生母。然而隨著時間拉長，和婆婆倒是培養出好默契、好感情。婆婆甚至主動承擔許多家務，只為了讓我能多點休息的時間。

知道婆婆這般的付出，母親有些忐忑，因為在她那年代的媳婦被要求承擔家中所有事務。哪像我，十指不沾陽春水。

母親曾告誡般地對我說：「靜宜啊，在家不要什麼事都讓婆婆做，知道嗎？妳是晚輩，要主動一點啊！」

我自然應了母親，也認為不好事事都丟給婆婆。

由於婆婆會在我們回家前就煮好飯，因此我便想主動承擔飯後洗碗的責任，然而婆婆看了卻制止我，說：「妳有工作就先去忙吧！洗碗這種小事讓我來就好了！妳的正事比較要緊！」

「媽，晚餐已經是妳煮了，洗碗就交給我吧！」

婆婆卻依然堅持，令我既無奈又感激。或許正是因為婆婆這般對我好，而我也能投桃報李，才有這般良好的互動吧。人和人之間的善意是相互流通的，一來一往間，情誼就此而生。

當家人的病況漸漸穩定，卻換我的工作產生問題。

身為保險業務的我，一直以來業務都談得十分順利，可以說經手過的案子通常會順利轉成客戶。然而有陣子卻不是那樣的，每個人都有合理的理由拒絕我，這令我困惑不已。明明我努力的方式沒有變，為什麼成效卻變差了呢？

「好煩啊，感覺什麼事情都不順利。」我跑去找大哥商討，整個人癱在椅子上，嘴巴微微嘟起。

「哈哈，加油吧。」

大哥拍了拍我的肩膀，我看著笑容爽朗的他有些羨慕。不曉得是不是因為他有在學習佛法，感覺大哥面對各種困境總能正向以對，能以積極的態度去處理問題。

「大哥，你覺得我該怎麼做比較好？」

「嗯……那妳要不要跟我一起學佛？」

大哥沒有正面回答我，突如其來的話語使我一愣。

「學佛？」

「是啊，我學佛之後覺得佛法好神奇，因為生命所有的難題好似都能在學習後被解答。」

回家後，我坐在陽台邊，眺望遠處的風景。暗夜中，一盞一盞的路燈散發黃色的光輝，看著好溫暖。

一直以來，我好像總是忙著賺錢、努力生活，從沒有慢下來思考過自己的狀態，也從沒有想過會遇見什麼樣的困難。生命好像一只陀螺，圍繞著賺錢打轉。但這就是生活嗎？如果一直轉下去，又有什麼意義？

最好的孝順，
就是帶著父母一起學習。

大哥說，學佛會解決生命所有的難題，他說，我會得到很多幫助。我想試著相信。

我開始學佛，不知道該不該說意料之中的，我學到許多人生的態度。甚至，原來的爆脾氣改了不少。

女兒曾笑說：「媽媽，妳上課是不是在學習包容？」

我想，或許是吧，我在學著用更溫柔的角度看待世界。

後來聽了佛學班班長說了一句：「最好的孝順，就是帶著父母一起學習。」

我深以為然，因為透由學習佛法，能更加平和地面對生命中的種種關卡。人生在世，有許多憂慮，透由學習，能夠轉化煩惱，得到快樂，我希望兩位母親都能快樂。尤其學佛後，我更加理解到，與其給與長輩物質的滿足，不如讓他們心靈得以成長，給予精神的幫助。加上當時母親病癒不久，閑居在家，我便每週載著她和婆婆一起去上課。如果她們能跟我一樣覺得有所學習最好，但若沒有，就當成去交朋友，學一門新的知識，為生活找到一個新的重心，不也很好？

也許是我在與她們相處時總讓她們很放心，也或許是因為母親與婆婆能感受到我希望她們過得更好的用心，所以兩個人在我邀請她們一起學佛時，完全沒有排斥。

相較於母親，婆婆對學佛很有興趣。曾當過看護的她為了祈求病人的健康，本就會誦經，因此能系統性的學習，讓她很開心，若有聽不懂的內容，也很認真發問。母親則不然，她比較像是因為能跟著我一同出門感到歡喜，比起學習，她似乎更在乎能同我在一起。

學佛後，我理解了一個概念，那就是生命是不斷接續的，這輩子的學習會成為下輩子的基礎，所以我們要不斷向善，不斷朝好的方向前進。我希望讓母親跟婆婆能走向更好的一生。

母親一輩子都過得很苦，年輕時丈夫好賭；生了四個小孩，卻有兩個讓她十分擔憂，即使年老了都無法放心。她的一生似乎都在煩惱，又受到疾病的折磨。我希望她下輩子能過得更順遂。

也許是因為曾腦中風，母親的平衡變得很不好，所以每次我們去上課時，她都需要拿著助行器，走得緩慢。看著她蹣跚的步伐，我學會主動上前，一手牽起她的左手，一手攬著她，陪著她前進。漸漸地，這成了習慣，只要陪同母親出門，我必定以這樣的姿態走在她身旁。

每當這個時候，我看著母親日漸蒼老的容顏、斑白的鬢角，總會想著：「我還能再牽她多久？」

以前我很少這般攙扶母親，即使我們十分親密，但堅強的她很少表現柔弱的那面。每每看著她，我的心情總是十分複雜，一方面憐惜她一生都在為家庭擔憂；又欽配她豎立一個美好的背影。可以說母親的談吐、價值觀，所有的身教言說，讓我成為今日的自己。

或許是因為我是她唯一的女兒，又或許是因為，我的性格在四個孩子當中較為獨立，讓她不需要煩憂，所以我和母親的關係一直都很親密，也因此更能體諒她的辛苦。小時候我看著母親忙碌的身影，最常想的就是：「我要快快長大，幫助她！」

然而年紀大了，這個願望卻沒有做到，比如我開始工作後，她擔心我晚上在外跑業務，總盡量陪著我；又或者是個性獨立的我常不喜被約束，總在母親碎念時拋下一句：「妳不用擔心那麼多。」令她傷心。

直到生了孩子，加上學習佛法後，知道不該這樣回應母親，才學著更溫柔些，試著不頂撞。每當母親聽到我回一聲：「好。」那上揚的眉眼述說著高興，也讓我忍不住露出了笑。

只有一件事，我放不下，就是我的二哥。每每談到他，我與母親關係就變得緊繃，我無法體諒母親，甚至常常有所爭執。

在我的眼中，二哥從不是一個哥哥，他抽菸、酗酒，又不工作，老是向母親要錢。母親非常心疼這個發展不順的兒子，但這份心疼在我眼中卻

母親年紀越來越大了，每每看著她，
我總忍不住心想：「我還能牽著她多久的時光？」

是一種縱容，我看不慣母親一味哄著哥哥，完成他的願望，因此衝突與對立隨之而來。

我總向母親抱怨著她的心軟：「媽，妳不要一直給二哥錢，妳要讓他學著工作賺錢啊！」

與其給二哥魚吃，不如教他釣魚，畢竟慾壑難填，母親難道真能照顧哥哥一輩子嗎？尤其母親現在早已沒在工作，單靠退休金生活，她身子又差，花在醫院的開銷也大，這樣坐吃山空總不是辦法。

母親卻不理解我的想法，尤其我許多的表現都像是在針對二哥，讓她更難接受。舉例來說吧，母親現在是輪流住在兒子們的家，但只要她去二哥家，我便不會待太久。並不是因為我不待見他，而是受不了菸味，母親卻覺得我的行為像是避之唯恐不及，十分不滿。

「這個家讓妳這麼害怕嗎！」母親的抱怨讓我啞口無言。我愛我的家人，但我們的想法似乎沒有交集，甚至十分背離。尤其當母親決定把存款交給我管理之後，爭執日增。

母親有次帶著埋怨與不甘的語氣對我說：「我自己有錢，為什麼要看妳的臉色才能拿？」

我十分生氣：「妳如果不要讓一直二哥予取予求，我也不會管妳怎麼用錢啊！妳有沒有想過，妳生病的時候是誰在處理？二哥靠不住，不都是我和大哥跑前跑後的？」

我不能理解母親明顯偏向二哥的做法，甚至有些委屈——不是為了錢，而是因為母親不懂我的用心良苦。

學佛後，也許是思考也變得柔軟，我才漸漸明白，現在的作法只是將怒氣轉嫁到母親身上，我的指責方式就像是一個母親在指責孩子做錯了事，然而這般對立的行為不能解決任何問題。

我以前下定決心要快快長大，幫助她。怎麼今日的我，卻好似一點也沒有幫上忙？我長大了，怎能繼續讓母親擔憂、悲傷？我該學著照顧她，不管是她的身子，抑或是她的心靈。她擔憂二哥，就跟擔憂以前在外跑業務的我一樣，這份愛沒有不同，都是一個母親對孩子深深的愛。

我開始學著用不那麼衝的方式應對，從一開始的據理力爭，到現在慢慢和母親講道理，不再自認為動機是良善的就我行我素，而是願意向母親解釋——即使她可能不了解。

今年過年時，大家都包了紅包給母親。當時我問她：「媽，妳不會要把紅包錢借給二哥吧？」

母親臉色有些羞赧：「他都跟我開口了，我總不好拒絕。」

我知道二哥為何要跟母親討要這筆錢，無非是想買台摩托車。他是這樣跟母親說的：「我想要一台摩托車，比較好找工作。」但二哥實在有太多前車之鑑，加上家中並非沒有代步工具，這讓我十分懷疑二哥的真心。

但我沒有直接質問母親。以往的我只要聽到母親說要給二哥錢，我總會厲聲指責她，但是現在我卻能心平氣和地同她理清楚利害關係。

「媽，二哥要上班我是很支持的。但妳也知道，他最近有些飲酒過量，我很擔心二哥……。」

我語氣平穩，上前握住母親的雙手，雙眼堅定地直視著她，希望她能明白我的真心。我是真的擔心，二哥已經飲酒過量到神色蠟黃、眼神混濁，連年紀看著都大了不少。不管二哥是不是真心要振作，都還是要考慮到可能的後果。

「能不能不要借錢給二哥？如果借他，他買了車又跑去喝酒，酒後開車出了車禍怎麼辦？這不是害人又害己嗎？」

母親沒有說話，神色卻明顯地動搖。我不是要威脅母親，因為我明白她對子女的愛是一致的，只是二哥像個孩子，總讓她放不下。

「媽，妳已經七十歲了，二哥也老大不小，妳沒辦法幫他走完剩下的人生。我知道妳愛二哥，我知道的，但能不能試著用更好的方式愛他？」

母親沉默了很久，我的一番話與她一直以來的價值觀實在差異太大，

理解母親總懷抱一顆愛我們的心，
讓我能靜下來思考，不再用對立的方式表達抗議。

但因為愛著我們，只要是為了孩子好，母親都願意改變。她最終請我把錢存起來。其實母親一直都不是固執的人，只是我耿直的性格與不妥協的態度使我們之間總是紛爭不斷——幸好現在明白還不算太晚。

學習理解母親，改變自己的同時，我卻又迎來生命再一次的打擊——我最親近的婆婆，腦膜炎病發入了院。為什麼痛苦總用最猝不及防的方式迎面而來？我無解，只能匆匆趕向醫院。

現在想來，其實一切早有警示。婆婆在大病之前，儀態便有些怪異，只是我們不夠細心，所以沒有察覺這些警訊。

那陣子許多人都問我：「妳婆婆走路的方式是不是有點奇怪？」

沒人能說出確切是怪在哪裡，但就是覺得她走路好似沒有那麼正常。其實我也是這麼覺得的，但讓婆婆在眼前走一圈，卻又看不出任何異狀。直到她病發，才驚覺或許婆婆當時腦部已經開始積水，所以才影響到走路的姿勢。

婆婆病發的那天，是一個帶著寒意的春日，陽光看著明媚，但吹拂而來的春風卻十分刺骨。那天早上婆婆難得在全家人都醒來後仍未出房門，平常她總會提早起床，只為了要幫孩子們準備便當，所以沒看到她的身影，使我感到十分奇怪。

疑惑之下，我進了婆婆的房間：「媽，妳怎麼了？身體不舒服嗎？」婆婆躺在床上，若有似無地呢喃了幾句，我卻一個字都聽不清。走上前，摸了摸婆婆的額頭，才發現她發了高燒。我趕緊通知先生，兩個人分別向公司請了假之後，便帶她前往醫院。

到了醫院，醫生檢查了婆婆的情況，沒有多說什麼，只是開了退燒藥，讓護士幫她吊一瓶點滴後，就讓我們回家觀察。

然而半天時間過去，婆婆的情況卻沒有絲毫好轉的跡象，仍舊高燒不止，我和先生開始發覺狀況不對勁——由於婆婆在之前就有腦膜炎的病史，只是當時她住院了幾天就恢復。如今高燒不退，我們懷疑是否是舊疾復發。

我們決定帶婆婆到榮總掛號，當時人很多，所以護士讓我們等一會，但是等不過五分鐘的時間，婆婆便陷入昏迷，幸好當時就在急診室旁，因此立刻被安排進急診室。

我和先生在急診室外等著，心中都十分不安——尤其是我曾經經歷父母病重的過去，更是難熬。坐在外頭，有一種度秒如年的感覺。一切都是那樣令人難以放心，刺目的燈光、醫生白色的大褂甚至消毒水的味道，都讓我打從心底發寒。

過了許久，醫生安排婆婆拍了X光片，做了一系列檢查後告知我們，婆婆是腦膜炎併發水腦症，現在必須將她的腦脊髓液排出。

我們並不是專業的醫生，那些名詞於我們而言宛如天書，聽得我們暈頭轉向。我只知道婆婆必須住院，並且動手術。先生看似鎮定地去櫃檯辦了入院手續，我不知道能做些什麼，只是不斷祈禱，藉由稱誦佛號，平息焦慮不安的心靈。

婆婆住院後，先生每天早上都會到醫院去看望她，並且和醫生討論病況，我則一如既往地去上班——可是我卻知道現在與以前不同了，早上看不見婆婆在家中忙進忙出，殷切叮囑我們上班小心的身影，下班後也沒有婆婆煮飯時的香氣。

婆婆不在家的這幾天我猶如行屍走肉，十分不習慣沒有她的家。腦子不受控地思考：如果婆婆離開了怎麼辦？疑問得不出解答，除了祈求，我無能為力。

我還記得那陣子，每次開車上班，腦中就不斷想到躺在醫院的婆婆，

我低頭虔誦《藥師經》，
希望婆婆得到佛陀攝受，能無病無恙。

她的身影跟母親曾經蒼白的模樣重疊，讓我忍不住眼眶含淚。有時我會將車子停在路肩，俯在方向盤上哭泣，淚水從眼眶不斷流出，我止不住。

我開始念誦《藥師經》，祈求婆婆的平安。

聽說藥師琉璃光如來曾發十二大願，其中第七願這麼說：「願我來世得菩提時，若諸有情，眾病逼切，無救無歸，無醫無藥，無親無家，貧窮多苦。我之名號，一經其耳，眾病悉除，身心安樂，家屬資具，悉皆豐足，乃至證得無上菩提。」我希望婆婆也能夠身心安樂，消除病痛。

婆婆進行了四次手術，每次手術結束後就必須入住加護病房觀察。看著她在裡面，頭髮被剃掉，腦袋插著引流管，口鼻則接入其他管子的模樣，令我感到心痛。

那段時間婆婆的昏迷指數一直居高，只能偶爾張開眼睛，視線卻難以聚焦，我們也無法交流。我以為自己足夠勇敢，卻再次感受到心中的脆弱與無力。

與我們一同學佛的人們十分關心婆婆的狀況，佛學班班長更常常來探視，令我十分感恩。大家都說患難識知己，在婆婆如此危難之時，這些點滴的關心成了暖流，支持著我前行。

我不知道這算不算禍福相倚，因為在這個過程中，我更能感受到他人的善意，也看到先生的體貼與孝順。

以往婆婆和先生之間總像是有道鴻溝，他們親密，相處間卻過分小心翼翼。也許是因為先生一貫木訥，不太會說愛；也或許是因為他是兒子，所以不太會撒嬌；又或許是因為先生講話常常不加修飾，總讓人有種不夠溫柔的感覺。

但婆婆生病之後，先生卻是付出最多的人。他不厭其煩地和醫生討論她的病情，及時關注後續治療方案，也會上網查資料，了解婆婆的疾病。每天不管多忙，他都會開車到醫院陪伴婆婆。

後來婆婆終於清醒了，卻仍需戴著呼吸器，我們有些恐懼，因為有些人呼吸器帶了就是一輩子的事，我好害怕婆婆也會這樣。

醫護人員告訴我們：「你們要每天過來陪她訓練，不要只是仰賴醫護人員。病人家屬陪著訓練呼吸、運動更重要，這樣才能快點好起來。」

當時婆婆和我們的溝通只能依靠文字，她總吃力地握著筆，在紙上寫下歪斜的字體，殷切地問：「我什麼時候可以出院？」

其實，我們也不曉得，無法確切地肯定她的情況什麼時候會好轉。先生總溫柔地安慰她：「很快就好了，醫生今天還告訴我，妳現在情況不錯呢！妳要聽醫生的話，認真運動，再一個禮拜就好了！」

婆婆從不懷疑我們所謂的：「再一個禮拜就好了。」到底還需要多少個一星期。她沒有太大的恐懼，認認真真地練習。她總是如此，對我們從不懷疑，給予我們最大的信任，安安靜靜地做好自己能做的。這讓我又心疼又感激。

為了讓婆婆更心安，我也經常陪在她身旁。愛學習的她因為生病的關係，沒辦法繼續參加佛學班，我因此護貝了一些經文帶到醫院，陪著她誦讀《心經》，希望給予婆婆力量——我相信菩薩能使婆婆安心，讓婆婆沒有恐懼。

無論是母親或是婆婆的病痛，都讓我深深感慨生命的脆弱。樹欲靜而風不止，子欲養而親不待。長輩的病痛讓我深刻地體認到這個道理。我想對她們更好一點，想讓她們能夠快樂。

學習佛法讓我學到生命無常，而長輩們的病情更是暮鼓晨鐘，教會我要及時表達自己的愛以及感謝。過去我十分害羞，認為說愛或謝謝是一件很難為情的事，現在卻變成理所當然的日常。

長輩的病痛如同暮鼓晨鐘，
再再提醒我要珍惜光陰，把握幸福。

婆婆生病之後，我們不再讓她做家務，煮飯、打掃等等都由我和先生、孩子們自己動手。這更讓我感念婆婆之前的辛勞，當時我不曾親口對她說過感謝，如今卻能自然地開口：「媽，謝謝妳以前辛勤地操持家務，也很抱歉一直讓妳這麼辛苦。」

婆婆卻不以為意：「這有什麼好感謝的，我住在這裡，當然也要付出。」

娘家的媽媽給我充足的愛，讓我成長；婆家的媽媽給我滿滿的關懷，讓我翺翔。我想回報兩位母親給我的愛。

我越發努力帶著她們去學佛了。這讓婆婆十分開心，一直喜歡唸佛的她原本就很認真，每天早上固定會誦讀《藥師經》、《般若經》等等經典，只是後來生病導致她停了一陣子。

婆婆病癒後，整個人的精力削減許多，我便主動問她：「媽，妳要跟我一起拜佛嗎？」

佛法講求懺悔，懺悔以前所做的各種惡業，我不曉得累世以來曾經做了多少惡業，但我想藉由今生，認真地拜佛，認真地懺悔曾做過——不論記不記得的事情。婆婆欣然同意了，於是每日早上禮佛就成了我們共同的功課。

我們選擇《吾願無悔》一書來拜佛，一次拜三十五尊佛，大概二十分鐘能拜完。但當時她身體剛好轉不久，無法行跪拜禮，我便讓她先以短拜為主。慢慢她能行長拜了，但總拜到十或十一尊時就氣喘吁吁，我會觀察婆婆的狀況，適時對她說：「今天到這裡就好，後面改成短拜吧！」

隨著一天天增加長拜的時間，婆婆漸漸能夠完整拜完三十五佛，而我們一天一天努力，至今也持續兩百多天了。

拜佛其實是一種學習，使我們更懂得感恩，也能讓思考更為正面。我很慶幸自己當初學習佛法時聽從班長的建議帶著媽媽們一起加入，也幸好她們從不抵觸。

人的一生，都是從出生走向死亡。人們對死亡多多少少有種難言的恐懼，因為不知死亡何時降臨，也不知會死後會走向何方。但是當我問兩個媽媽：「妳們會害怕死亡嗎？」

她們卻異口同聲地說：「不會啊！」

或許是因為每天都在學習，所以可以更坦然接受死亡，這讓我感到欣慰。我希望兩位母親不會感到恐懼，因為我們都在學習走向更好的生活。

除了帶她們去學佛，我和先生也會把握時間，帶著媽媽們到處旅行。今年初四，我特地帶兩位母親去古坑參加法會。擔心舟車勞頓，所以我早早就將母親接來婆家，兩人見面話匣子就停不下來，看著兩人開心的模樣，我也十分欣喜。

原本就互相認識的她們，一起行動久了，感情變得更加深厚，很多人曾好奇地問過我：「她們是不是姐妹？」

我笑著搖搖頭：「不是，那是我的媽媽和婆婆。」

何其幸運，我有兩位母親。

「媽，我先去停車，妳們在樓下等我一會兒。」我載著母親與婆婆到學習佛法的場地，攙扶她們下車後，認真叮囑著。

婆婆自告奮勇：「靜宜妳放心，我扶著親家一起上去就好。」我又好氣又好笑：「媽，妳等等我！妳現在自己都走不穩，如果一起跌倒了怎麼辦？等等我好嗎？」

婆婆就是這樣樂於助人，但我也好擔心她。萬一她們走不穩，在樓梯跌倒了該怎麼辦？

「可是⋯⋯。」婆婆看似有些猶豫，或許是怕我太過麻煩，總想著幫

何其幸運，我有兩位母親，
而我想牽著她們的手，一起向前。

忙分擔。

「沒事，等我一會！」

我停好車，小跑著向她們走去，兩個媽媽站在晨光中互相依偎著。她們對著我露出笑容。我也笑了出來。

「媽！」我揮手向她們打招呼。

只要再幾步的距離，我就會牽起她們有些粗糙卻乾燥的手，摟著她們有些佝僂的背脊，一起向前走。

牽緊您，走一路柳暗花明

妙娥／匿名（文／廖雅雯）

父親是庇護整個家的屋瓦，母親則是主心骨，讓我們能盡情在外闖蕩世界，什麼都不怕。

「最近都不知道要買什麼菜、做什麼料理，也不曉得孫子喜歡吃什麼，很難決定菜色……。」

母親在電話另一端叨念著。剛從學校下課回到家的我，正累得癱在沙發上，只能心不在焉地應和著母親：「沒關係，簡單煮一煮就好，爸爸與阿傑都很好養的。」

「唉……。」母親突然嘆了一口氣，隨即又說：「沒事了，就這樣吧。」便掛斷了電話。

我覺得有些怪異，卻抓不住一閃而過的思緒。有空回去看看吧，我這麼想著，但很快的，我便把心裡這小小的疙瘩拋在腦後。那時我和先生剛從國外留學回來，在大學任教，正準備迎來第一個孩子。職場和家庭，占去了我們大部分的心神，加上我們定居外地，離娘家有一段距離，所以無法第一時間察覺到母親的異狀。

可是事後想起來，一切早有預兆。

孩子出生後，沒辦法經常回去，還好當時姐姐就住在娘家，因此我有空就會打電話給她，關心家中狀況。姐姐說，母親最近常待在家裡，不愛出門，整天抱怨身體痠痛，躺在床上翻來覆去的，怎麼也睡不著。

好像上了年紀的人，多少都有一些這樣的小毛病，所以剛開始，家人不以為意。不是不關心母親，只是每個人都忙，輕忽了母親發出的警訊。當時姐姐的孩子也長大了，正準備舉家搬回臺南，而弟弟剛去美國留學，我則幾乎全天圍繞著新生兒打轉。似乎在我們的人生裡，總有一些更想要追求的事，使我們忘記適時停下腳步。

母親喊著身體不舒服，我們便帶她去看醫生，但血抽了、胃鏡也照了，幾乎全身上下都檢查了一輪，也沒檢查出什麼問題。

母親卻是越發懶得動彈了。

我看這樣不是辦法，徵得先生的同意，便拜託阿姨帶母親從高雄上來跟我們住幾天。

似乎在我們的人生裡，總有一些更想要追求的事，
使我們忘記適時停下腳步，關照父母。

但母親真的很不對勁。

那天我看到母親，她的精氣神似乎都沒了，眼神空蕩蕩的，嘴巴卻還碎碎念著什麼，沙發一坐就坐很久。我聽不清楚，也沒多心，只以為母親是在記掛父親。平時父母形影不離，這次父親沒跟來，待在老家，所以我便認為母親是在擔心父親。

以往的她一肩扛起家裡的大小事，即使忙碌，還是笑笑的。總是走來走去，一會兒是在客廳整理家務，一會兒是在廚房準備三餐，每天都忙得停不下來，很少這般兩手閒置，一副不知道該如何是好的模樣。

「媽。」我喊母親：「妳先休息一下，洗個澡，等等我們吃完飯去外面散散步。」

說完，我就去照顧女兒了，好長一段時間，都沒有聽到母親的動靜，去到客房一看，母親呆呆坐在行李箱前，行李箱已經攤開了。行李看似被翻動過，顯得有些凌亂。她看著行李箱裡的衣服發呆，我皺起了眉頭。

「媽，妳怎麼了？」

母親聽到我的聲音，抬起了頭：「妳不是叫我去洗澡？」

「是啊。」我放低聲音和緩地對母親說：「洗個澡會比較輕鬆，洗完看要不要睡一下……。」

「我不會洗澡。」

「什麼？」

母親神情慌亂地說：「我、我不會洗澡，我不知道要穿什麼衣服，要帶什麼東西，我、我不知道……。」

我內心的震撼難以言喻。

從那一刻起，我看母親的每一個動作、每一個表情都覺得不對勁。晚上我和先生抱著女兒，想帶母親到外頭散步，即使只想在門口走走而已，母親卻一點勁都提不起來，後來也只是坐在花台上發呆，怎麼勸也不肯挪動一步。

說不出的擔憂在心中發酵。

先生與母親相處的時間不長，卻也感受到母親就像變了一個人似的。隔天一早，他便勸我趕緊找時間帶母親去看精神科。

「媽的情況不對。」他的聲音帶著憂慮。

此刻我早已意識到母親生病了，只是一時還無法接受記憶中誰也打不倒的母親，會有今天這般脆弱的模樣。看向坐在對面的母親，她卻沒有對上我的眼神。母親低低地看著桌面，一邊咀嚼著早餐，一邊喃喃自語。我聽不清她的呢喃，只能跟著低下頭，不知如何是好。

母親來跟我們同住期間，如果我與先生去上班，會有阿姨來陪伴、照顧母親。某一天凌晨，急促的敲門聲響起，我打開房門，面前是表情慌張的阿姨，她匆匆地說：「妳媽媽不見了！」

躺在床上仍一臉困倦的先生一聽到阿姨說母親不見了，原來有些迷茫的表情褪去。他跳下床，衝到樓下，開了大門，打算去社區裡找人，幸好走沒幾步，便看到不遠處母親正往回走。先生亦步亦趨地跟著母親走回家，只聽到她喃喃自語著：「連社區的門都打不開⋯⋯。」

看到先生帶著母親回來，我鬆了一口氣。我真的很害怕母親在這裡人生地不熟，會找不到路回家。母親完全沒有察覺到我們的緊張與擔憂，嘴裡咀嚼著我們都聽不清的話，搖搖晃晃地地走回二樓的房間。

這時的睡意早已盡褪，天色微亮，我們的表情卻十分黯淡。因為擔心母親擅自離家的情況會再度重演，於是我們也沒有回到房間，隨意地在沙發坐下來，想討論該如何防範。此時樓上傳來「喀」的一聲，先生臉色一變，當即衝上三樓——母親正站在陽台邊，一腳已經跨在牆上⋯⋯。

先生想都沒多想，當即衝上前去緊緊抱住母親，將她拉離陽台邊，顫抖地哭著：「媽，妳不要這樣⋯⋯不要這樣⋯⋯。」

母親這個詞，總伴隨著飯菜的香味，
而她的手做便當，是她給我們最鮮明的愛。

記憶中的母親一直都是溫柔的、堅強的、令人嚮往的女性。而母親這個詞總伴隨著飯菜的香味，曾提在手上那一個個由她親手做的便當，是母親給我們最鮮明的愛。

我們家並不富裕，母親生了六個孩子，我是第三個，上面有兩個姐姐，下面有一個弟弟和兩個妹妹。憑父親一個在高雄碼頭做工的工人實在養不起這麼多孩子，所以兩個妹妹一出生就送人了。本來我也是要送人的，養那麼多女孩子幹嘛呢？又不能傳宗接代，爺爺奶奶是這樣說的。但母親捨不得，抱著我哭，我才留了下來。可到兩個妹妹，母親再不捨，也無力阻止，這成了母親一輩子的掛念。

爺爺奶奶嫌母親的娘家窮，不曾好聲好氣對待她，她卻還是耐心地照顧兩位老人家的起居，家裡沒錢了，就去給人家幫傭打掃，賺錢供我們幾個孩子念書。

「不要抱怨，多努力一些，日子就會過得好。」母親時常對我們這麼說，而她便以自身作則，成為最好的身教。

母親總在天沒亮時就起床，在廚房裡趕著為我們做最新鮮的便當，出門時拿在手裡，都還能感覺到微微的溫度，我一吃就是十幾年。對我來說習以為常的小事，上了大學後才知道不是理所當然。同學們都不相信，我長這麼大了還不曾在外頭用過餐。他們曾羨慕地說：「妳母親怎麼那麼好，為妳做十幾年的便當。」

即使我結婚、懷孕，回娘家時，母親還是會幫我準備我愛吃的料理，用便當盒裝著，給我們帶回來。儘管她要打理家務、照顧爸爸與姐姐的兩個小孩，每天像陀螺一樣轉不停，但她一定不會忘記要煮好吃的料理給女兒帶回家。

父親撐起一片庇護的屋瓦；母親則是主心骨，支撐著我們向外走，去闖蕩世界，無論何時回過頭，總有母親做的一桌飯菜等著我們回家。

我們從來沒想過，這根主心骨可能會倒。也沒有想過，如果有一天她倒下了，該怎麼辦？

「是憂鬱症，接下來需要定期吃藥，持續追蹤治療。」我看著醫生的嘴一張一闔，卻再沒有一句話進到腦海。感覺整個人就像沉在深海中，所有感官都被阻隔，一切都是這麼不真切。

憂鬱症？母親得到了憂鬱症？這是在開玩笑吧！我的母親是再樂觀不過的一個人了。以前被公婆刁難、兩個女兒被送走、煩惱著繳不出孩子學費時，都沒得到憂鬱症，如今日子好過了，人開始享福了，怎麼卻反倒憂鬱了？

我著實接受不了。

除了人遠在美國的弟弟，家人們全趕了回來。

母親愣愣地坐在床上，對我們圍繞著她的動作感到手足無措，像是自己做錯了事，低頭沉默不語。我們看了不捨，但面對這突如其來的打擊，誰也沒有能力去應對。我和姐姐們面面相覷，臉上盡是惶然，一時間，全家愁雲慘霧，別說母親，沉重的氣氛也壓得我要喘不過氣來。

最後打破這沉默的，是父親。

「妳媽媽……是不是發瘋了？」

我連忙否認：「沒有啦，媽媽不是瘋了，她只是容易心情不好。」

「什麼容易心情不好！」父親大聲地說：「人都要去自殺了還不是瘋子！要不然醫生為什麼要她吃藥？就是因為要醫治她的神經病……！」

「爸！」我打斷父親，但已經太遲了，我看到母親瑟縮了一下，內心針刺一般地疼痛。

姐姐哄著母親躺下，我拉著父親往外走，一路上父親還在絮絮叨叨

父親是庇護整個家的屋瓦；母親則是主心骨，
讓我們能盡情闖蕩世界，什麼都不怕。

著：「我們家也沒做什麼壞事，怎麼會遇到這種事。」

我只覺得滿身疲憊。

後來才明白，能夠全心全意為家裡付出，在母親的生命裡占據著非常重要的地位，那讓母親感受到，自己是被需要的，是愛人也是被愛的。因此當她的孩子們全部離她遠去，各自居住在不同的城市，再也不在身旁，讓母親的生活一下子失去了重心，或許，這才是母親致鬱的原因吧。

母親住院療養了一段時間，出院後，我和大姐、二姐輪流回娘家住上一個月陪伴母親。我們將娘家中的剪刀、利器、繩子，任何可能傷人的物品全收了起來。把年幼的女兒託付給先生，我回去娘家長住，二十四小時，眼也不眨地盯著母親，深怕她又做出傻事。

「媽媽，我們出去散散步好嗎？」

她搖搖頭。

「不然我們一起看電視？」

她仍是靜靜地搖頭。

「媽媽，我等下要煮飯，我們來揀菜吧！」

「有買菜嗎？我不知道怎麼煮……。」

「媽媽、媽媽，別擔心，菜我已經買了。」我安撫母親。

「媽！」我握住母親的肩膀，直視她的雙眼：「這些事我都處理好了，妳不用煩惱。有沒有想吃什麼？我煮給妳吃。」

母親一副無法理解的模樣，溝通了半晌，好一會她才結結巴巴地說：「沒、沒啦，我……我吃不下。」

在一旁的父親見狀，回說：「妳別管妳媽那神經病要吃什麼，她就是這樣，餓了自然就會想吃了。」

「爸！別這樣說！」

但母親已經哭了。

在娘家的生活，就是這樣無止境地循環，我們不斷嘗試各種方法，想給母親找事做，不讓她溺於自苦，但母親總找各種理由拒絕。另一方面，失去了生活步調的母親，又掛心著大大小小的瑣事，讓她越是找不回過去的日子，就越往牛角尖鑽去。

有時好一點了，父親三言兩語就又將母親推落谷底，可是看著焦躁的父親，便知道他心裡也不好受。他是真的不懂什麼是憂鬱症，也不懂，為何母親會變成今天這個模樣？

他比誰都要依賴母親，也因此，他最不能接受母親的病。

「讓爸到我這裡來玩一陣子吧？」

我們姐妹三人焦頭爛額之際，弟弟從美國打了電話來，這樣提議。我們也是沒了辦法，再繼續下去，只會破壞原本親密的關係，對母親的病情更是有害無益。

弟弟拜託一個他認識的朋友，返美時順便捎帶父親一程。父親出國的那一天，我們只送他到機場。當時他拖著大大的行李箱，進入機場時一步三回頭，對著我們欲言又止，最後還是什麼都沒說地走了。

我懂父親的踟躕，他是五、六十歲的老人家，從來沒有搭過飛機，也不認識弟弟的朋友，就要獨自前往陌生的國度，在語言文化全然不通的地方生活。

但他又不想留下來成為累贅。

後來我問父親是怎麼抵達弟弟在美國的住處，父親也說不清楚。他只記得，在飛機上他一直問空姐：「能不能幫我找一個從臺灣去美國念書的留學生？那是我兒子的朋友，我兒子請他帶我去美國。」

送走父親後，我和姐姐換班，開著車回家的路上，不知為何眼淚就突然掉了下來。為什麼母親會突然變成這樣？為什麼整個家都變成這樣？

我想起學佛時，聽過世間有許多苦，當時我將學佛視為學一門新學問，因此總是聽過就算，從不曾真正往心裡去。因為那時候不了解，不了解這世間何來這麼多苦？又哪裡能夠那樣地苦？

佛法說世間有苦，以前我不以為意，
父母示現了病相、煩惱後，我才終於深刻理解何謂「輪迴之苦」。

我的腦海裡，根深蒂固記著母親跟我說的：「靠著自己的努力，就能過上好日子。」我一路走來也一直遵循著這句話。生在一個重男輕女的傳統家庭，從小與至親姐妹分離，我不以為苦；差點沒錢念書，物質生活也處處差同學一截，這些我也不以為苦；遠在異國求學，忍受離鄉背井的寂寞，我還是不以為苦。

哪裡會苦呢？雖然家裡沒錢，但父母對我們的愛卻絲毫不減，供我們讀書，上大學，甚至遠赴美國求學。即使大半時間需要自己努力，但有父母的支持，什麼困難都能迎刃而解。

這是第一次，我找不到解決難題的辦法。

從母親確診至今，我不得不承認，我和我的家人正瀕臨崩潰。

兩個姐姐和我，既要兼顧娘家與各自家庭，又要時時關注母親的狀態，幾個月下來，身體已經吃不消了，更別說橫亙在心中的壓力，沉甸甸地壓著我們，一刻也喘不過氣。

父親又何嘗願意出國？就算只是短暫的日子，要離開自己住了幾十年的家鄉，去一個連溝通都困難的地方生活，父親需要鼓起多大的勇氣，才能做出這個決定？方才父親看我的眼神，藏著多少的惶恐不安？

這世間，原來這麼多苦。

我們每個人，因為這場變故，各自承受著各自的苦。佛法說世間有苦，行苦、苦苦、壞苦，無所不在。第一次，我終於思維了輪迴之苦。

少了父親的言語刺激，母親漸漸有所好轉。

但我們也體認到母親的病是一場長期抗戰，為了讓大家的生活回歸正常軌道，決定聘請看護來照顧母親，不再獨自奮鬥。母親看診的醫院介紹了一位看護阿姨來家裡幫忙，面談的過程中驚喜發現，這位阿姨同樣在學習佛法。

我和阿姨交代了母親的狀態，並且拜託她，若情況允許，請她帶著母親一同拜佛。拜佛既能讓母親動起來，也能讓她減少胡思亂想的時間。我希望透由拜佛，能使母親找到心靈的平靜，不再去想那些痛苦，肢體的運動，亦對身體有益，或許能藉此達到身心靈的平衡。

最初實在很不容易，憂鬱症的影響使得母親成天懨懨的，什麼事也不想做。有賴看護阿姨一再勸說母親，我回了家，也持續地鼓舞，這才讓母親有動起來的意願。

「媽，妳今天好嗎？」週末一回娘家，我就大聲地向母親問好。

我也不是真的要母親回答，只是比起從前，現在的我會抓住每一個和母親說話互動的機會。母親的憂鬱症讓我體認到，曾經自己把母親當作最堅定的依靠，但她不是永遠都在，不會永遠等待著自己回頭。我不能繼續讓時間白白流逝了。

雖然如此，我還是有點寂寞，母親一向是我人生的導師，生命每個重大的決定我都會和母親討論，但如今，她已經很少給我回應了。

「媽，我們一起來拜佛吧！」

「但是我好累，我不想做。」

「媽媽，看護阿姨有跟我說，妳這個星期都沒什麼運動喔！我們動一動就好，不用拜太久。」

我攙扶著母親起身，一邊問她：「妳拜佛後是不是比較好睡？」

看護阿姨補充道：「如果那天有拜佛，她都會睡得比較好。」

母親有很嚴重的失眠問題，擔心夜晚無人看守會出事，除了白天照顧母親，看護阿姨晚上也會留下來陪睡。

「妳看，看護阿姨都這麼說了。」

「好啦好啦。」母親半推半就地應了。

我曾將母親當成最堅強的依靠，
直到失去這份支撐，才明白自己多依賴她。

通常幾次要求下，母親會答應個一兩次，而這些，都被我視作母親見好的跡象。隨著時間過去，她的眉眼變得平和，自我傷害的傾向也變少了。即使母親仍擺脫不了抑鬱的情緒，三不五時便會發作，我仍為此感恩不已。

父親到了美國，過沒多久，就打了越洋電話回來。

「我要回臺灣。」父親的聲音聽起來有些萎靡。

「爸，你在那邊還好嗎？」我關心地問父親：「美國好不好玩？」

「有什麼好玩的！」父親哼了一聲：「沒人可以說話，東西也吃不慣，受不了，待不下去了。」

父親說，他每天起床就是到附近的公園晃一圈，再晃回弟弟住的公寓。大部分時間就是坐在沙發上，打開電視，看著變換的畫面發呆，等弟弟從學校回來了，才有人和他說話。

常常一天就這樣過去了。

「我沒有事情可以做，也不知道要做什麼。」父親是忍不下去了，才會打這一通電話。

這是自然的，父親不是去旅遊的，是逼不得已才將他和母親隔上幾千幾萬里，只希望換取一些彼此喘息的空間。

要適應這個突來的疾病的，不只有母親，還有父親。

我一方面心疼父親已經在美國苦撐半年，一方面又有點為難，千辛萬苦託了人帶父親過去，找不找得到第二個人帶父親回臺灣還是一回事，重要的是母親的病況好不容易才有所進步，如果父親一回家，會不會立即被打回原形？

這才是我最害怕的。

我和父親坦言：「爸，媽媽已經好很多了，你要答應我，你若回來，不可以再說出什麼刺激媽媽的話。」

「我又沒說什麼……。」

「爸！」我說：「我們都想要媽媽好起來，不是嗎？」

父親沉默了一會，說：「我知道啦。」

而母親生病這件事，我們並沒有瞞著外婆。外婆一個八十多歲的老人，得知女兒病了，獨自坐車就來探望。看到她出現在門外時，我嚇了一大跳。

「外婆，您怎麼來了？」

外婆問我：「聽說妳媽生病了，到底怎麼了？」

我不曉得怎麼對外婆說，她會理解憂鬱症是什麼樣的疾病嗎？老一輩的人沒有關於心理疾病的概念，會不會像父親一樣，認為母親是「瘋了」？

然而外婆聽完後，懵懵懂懂地點了頭。我看得出來，外婆仍然不清楚什麼叫大腦物質造成影響，她的眼神透露著迷茫，迷茫底下卻湧動深深的愛與堅定。

她不需要懂什麼是憂鬱症，她只要明白，她的女兒病了，這樣就好了。外婆像對待小孩一樣，陪伴她生了病的大齡女兒。她會幫母親梳頭髮，和她說話、散步，喊她的名字，一起吃飯。

吃完飯後，外婆就牽著母親的手走到房間。

「陪我睡一下吧。」

母親其實睡不著，但有外婆在身邊，母親顯得心安，照著外婆的話，閉上了眼。我看著外婆一下一下地拍著母親的背，哄她睡覺，嘴巴喃喃地，好像在說故事一樣，說著母親的一生。

「我最開心看到妳過得好，老公老實、顧家，小孩也大了，兩個女兒送了人，後來也找了回來呀，多好！而且各個都讀書好、嫁得好，又孝順，妳是要享福的呀，真好，我真歡喜……。」

就算母親沒什麼反應，外婆仍反反覆覆地說，她一遍遍告訴母親：

「不要怕，所有愛妳的人都在妳的身邊。」

外婆不曉得什麼是憂鬱症，
她只用滿滿的愛陪伴母親，堅定地愛她。

我眼眶不禁有些濕潤。

不管母親長多大，在外婆眼裡她還是那個需要哄睡的可愛的孩子。

我好像又重新認識了外婆。

雖然我的母親罹患了憂鬱症，但我印象中的她，從以前就是一個正向樂觀的人，我從不懷疑，母親的正面態度，是來自外婆的言教身傳。

外婆雖然沒念什麼書，甚至因為貧窮而過得辛苦，然而外婆自有一套人生的哲學，她信奉佛陀，年紀都這麼大了，還是會去住家附近的寺院當義工。

外婆告訴我：「可以幫助到別人，我心裡快樂。」

她很節儉，總捨不得花錢，但她會把微薄的老人年金一點一滴存下來，存到一定的金額，便拿去做慈善。母親病後，外婆捐款時，就會特別向觀世音菩薩祈求這份善意能夠回報在母親身上，令她快點好起來。

外婆總說，她最愧對她的長女，也就是我的母親。因為家貧，母親很小便輟學打工，賺取讓弟妹念書的學費；母親出嫁時，外婆也未能為她準備一分豐厚的嫁妝，使得母親在婆家備受輕視。

外婆覺得對不起母親，母親卻是不以為苦的。

我還記得在美國念書的時候，我難得有一個假期，便問母親：「要不要來美國玩，讓我招待你們。」

母親第一個想到的就是外婆，她想到外婆從來沒有出過國。她總是這樣的，有什麼好事，馬上和家人分享。外婆沒有直接答應，信仰虔誠的她先去了觀世音菩薩面前擲筊請示，得到菩薩的應允，才向寺裡義工請了假，跟著母親和二姐一起來美國找我。

那時候我還沒有結婚，現在的先生是我當時的男朋友，他開著車載著我和家人去了一趟黃石公園，廣闊的黃石公園比城市冷上許多，到處都被冰雪覆蓋，我有些擔心有高血壓的外婆。首次看到雪的外婆和母親，興奮得根本顧不了這麼多。我幫外婆量了量血壓，數字飆升得很高，也不知道是寒冷還是興奮的情緒導致。

這是我們少有的三代一起出遊的經驗，守候母親的這段時光，我多麼慶幸有這一段回憶陪我度過。我後悔太少關心母親，只希望下一次帶母親出遊的日子，不會來得太晚。

父親回來後，母親雖還無法恢復得像從前一樣，至少已經不再有自殘的念頭，睡眠也變得穩定，無需二十四小時看護了，於是我們謝謝看護阿姨的幫忙，全家相互扶持繼續走下去。

我察覺到父親似乎有些無所適從。我並不意外，父親一直是我們之中最需要母親的人。我打了電話和父親懇談。

「爸，媽媽的病需要時間恢復，她還要持續看醫生，吃藥，讓自己維持在一個平靜穩定的狀態。媽媽很努力，你也一起努力好嗎？」

父親嘆了一口氣：「但、但她現在都不煮飯……。」

我將話語細細掰碎了和父親解釋，試圖讓他明白母親的狀況：「媽媽沒有那麼快恢復，我知道你不喜歡吃外食，可是如果勉強她一下子就回到過去的生活狀態，她的病可能會惡化，可能又會……像剛開始的時候一樣，你想要那樣的生活嗎？」

父親沉默了。

我沒再多說。我曉得父親自己會思考，會清楚該怎麼做。但母親不再下廚這件事，不只困擾父親，其實也影響了我們。尤其母親生病的頭一兩年，初二回娘家時，我和姐姐們望著空蕩蕩的餐桌，實在不知道該怎麼辦才好。

其實哪裡是不知道怎麼辦呢，我們三姐妹都已為人妻、為人母，下廚

我用擁抱表達我對父母的愛，
透由肢體接觸，把我的心情傳遞出去。

做料理是稀鬆平常的事，不過是心裡還有奢望罷了。盼望打開家門，可以看到熟悉的美食，看到母親從廚房走出來，笑著和我們對話。

最後是父親和餐廳訂了年菜。我們圍成一桌，雖然仍有些遺憾，可想到母親就在身邊，便已心滿意足。

說來荒謬，我和姐姐們不是當了媽媽後就長大了，而是母親生了病才長大。

後來每次回娘家聚餐，我和大姐、二姐會分別準備食材，再一起進廚房，端出各式各樣的料理。

我們都在適應改變。

也許是因為體認到愛該及時，我也開始學習擁抱父母，回到娘家最先做的事，就是分別抱一下父親與母親。

「爸，媽，我愛你們。」擁抱時，我都會這麼說。

最初兩人都很彆扭，擁抱時他們的身體是僵硬的，表情也很尷尬。但時間久了，母親的肢體變得柔軟，臉上也多了微笑，父親雖然還是有些抗拒，不過看得出來他是開心的，儘管他不知所措，嘴角卻是上揚的，只是逼迫自己拉了下來。

「幹嘛這樣！」他會輕輕地喝斥我，但我們都知道他是口嫌體正直。孩子們看了，也有樣學樣，雙手大張地撲上去。

「爺爺，我愛您。奶奶，我也愛您。」

孩子的情感就直率多了，而父親母親也笑呵呵地享受孫子的愛意。我微笑地看著祖孫間的親暱，突然心念一動，何不把這樣良好的互動擴大到整個家族？

那時女兒念的幼兒園已經連兩年在母親節舉辦感念親恩洗腳活動了，在老師的主持下，女兒蹲在腳邊，一邊為我搓腳，一邊抬頭跟我講話。小孩子的力道根本不夠到位，但她用心地一吋吋擦洗著我的腳，還軟軟地說：「謝謝媽媽，祝媽媽母親節快樂。」霎時內心十分熨貼。

為什麼我不學學女兒，藉由為母親和外婆洗腳表達我的感恩呢？

我立即付諸行動，一一打了電話去舅舅家和阿姨家，問他們：「我們用為長輩洗腳的活動來慶祝母親節好嗎？」

「啊……洗腳喔？」親戚剛接到電話時，覺得有些莫名其妙。

「我想帶孩子一起為外婆洗腳，表達孝思。」

「也可以啦，妳想做就做啊！」親戚不置可否。

既然沒人表示反對，我便大膽地著手安排了。

母親節那天，先生載著我們一家人，還有後車箱中一堆的板凳、臉盆、乾淨的毛巾和肥皂，回到了外婆家。

孩子們在院子裡興奮地跑來跑去，好奇地看著我往臉盆注入熱水，並接好小音響和麥克風。

「真的要做啊？」親戚吶吶地說。

「當然。」我開啟了麥克風。

「小朋友們，今天我們要舉辦感恩孝親洗腳活動，謝謝媽媽的辛苦付出，祝在場的各位媽媽母親節快樂。」

「好！」年紀小的孩子大聲響應，大一點的孩子則在旁觀望，表情帶著困惑。

我先請女兒示範，代表我為我的母親洗腳。

「我要謝謝媽媽，生下我、照顧我，讓我一路讀到大學，甚至到美國留學，因為有媽媽，才有今天的我。」女兒為母親洗腳的同時，我發自內心地向母親說出心中的感謝。

「謝謝媽媽，我愛您。」

「外婆，母親節快樂。」女兒拿毛巾為母親擦腳，抬頭笑嘻嘻地說。母親有些害羞，只說：「謝謝，謝謝。」

有了女兒帶頭，同齡的孩子覺得好玩，爭先恐後地舉手說：「換我、換我，我也要幫媽媽洗腳。」

長大後，感情的表達越發含蓄，
我們或許都該再大膽點，用力道愛。

外甥、外甥女紛紛拉大姐、二姐入座，大人和藹地協助準備，我主持道：「小朋友們聽口令，把媽媽的腳放到水盆裡，然後輕輕地搓揉。媽媽每天忙進忙出，做很多家事，腳很累了，所以要為媽媽按摩，讓媽媽輕鬆一下。」

孩子們彎下了腰，認真地執行，大姐和二姐溫柔地看著孩子。當媽的就是這樣，孩子一丁點的付出，就能有滿滿的感動。

「最後拿毛巾幫媽媽擦乾腳，起來給媽媽一個擁抱。抱的時候要跟媽媽說什麼？」

「媽媽我愛您。」

「母親節快樂。」

孩子的聲音此起彼落。

歡聲笑語中，我也鼓勵大孩子們為父母洗腳。我的表弟、表妹都是大學生的年紀，和以前的我一樣，很少和父母有親密接觸的機會。在傳統家庭教育長大的我們，總是過於含蓄，心中有愛卻不敢表達出來。若不是因為這次母親的病情，或許我也無法體會說愛的重要。

好像過了一定的年紀後，父母和孩子的距離會越來越遠，感情越來越內斂，但這不代表，父母失去了和孩子親近的渴望。

阿姨與舅舅看了羨慕，對他們的孩子說：「你看人家都為他們的媽媽洗腳了，你要不要也為我洗腳？」

眾人的鼓舞之下，每家都參與了這個溫馨的儀式。

「我們也要為媽媽洗腳。」阿姨們笑得開心。

「對對對，一個個來。」

「大姐先來啦！」阿姨們出聲喊著母親。

突然被點名，母親有點慌亂，我正要解圍，卻聽見母親用輕微的聲音堅定地說：「好，我來幫媽洗腳。」

我霎時間愣住了，生病的母親總是十分消沉，做什麼事都要旁人再三地勸說引導，久久才應一次，卻似乎不往心裡去。我有多久沒有沒聽到母親主動提出要做某件事了呢？

外婆笑得燦爛，眼中隱隱有淚，母親在眾人的注視下動作顯得僵硬，臉上揚起靦腆的笑。外婆好久沒這樣開心了，雖然她沒有說，或許她一直感到很難過吧，畢竟母親失去笑容好久好久了。

可我沒想到的是，母親做得比我想像得更好。她彎下了腰，握著外婆的腳，小聲地說著感謝。

她變好了吧？她真的進步了吧？

頭一年的感恩孝親儀式在一片歡欣熱鬧中落幕了。即使後來不再進行過類似的活動，但我相信，這一年留下的美好回憶，會在家人的心間成長茁壯。

母親似乎逐漸回來了。

她偶爾會下廚做一些菜，會願意和我多說些話，遇到了事情也不再鑽牛角尖，獨自無所適從。

我記不清楚是什麼時候感受到母親真的好轉了，只記得這條陪伴母親走出憂鬱的路走了好久好久，一度以為走不到終點。但我和家人始終沒有放棄，就這麼走著走著。終於有一天，我發現她又是從前那個她了！

要說母親的病給我最大的體悟，就是物質的給予不如心靈的陪伴，展翅飛得再高再遠，也要時常回到父母身邊。

母親的憂鬱症好了，我們仍不敢輕忽。

物質的給予不如心靈的陪伴，
展翅飛得再高再遠，也要時常回到父母身邊。

憂鬱症患者就像處於一個冗長黑暗的隧道之中，唯有持續不斷地向前走，才能迎向光明。人生的黑暗無所不在，若沒有定期清掃內心的灰暗，便可能累積成無法避免的深淵。

我們害怕母親又回到隧道之中，因此總下意識對母親隱瞞不好的事。所以大姐罹癌的時候，我們不敢對母親透露半分，深怕她擔心女兒的病情而憂鬱症復發。直到大姐住進了加護病房，將臨終了才告訴母親。

白髮人送黑髮人無異於椎心蝕骨，母親更遺憾未能再煮一頓飯給大姐吃，未能在最後的時刻照顧大姐。雖然好好地告別了，母親的痛卻絲毫不減，她想要再為大姐做些什麼，卻已沒有機會。

我一方面想安定母親的心，一方面也為了安撫自己，遂與母親說：「媽，妳從現在開始，跟著我念佛吧，我們一起迴向給大姐，願她得到阿彌陀佛攝受，往生極樂世界。」

母親惶然：「這樣做真的可以幫到妳姐姐？」

「當然可以。我們誠心誦念，一定能夠傳遞到大姐那邊的。」

母親一聽，緊鎖的眉頭放鬆不少，每日誦念佛號，也令她的身心越來越平靜。我還帶著母親拜佛。罹病當時帶母親拜佛，是為了令她能動起來，這次母親則是為了大姐，以一顆充滿愛的心，堅定地拜佛念佛。

「媽，妳要不要跟我一起去學佛？」我問母親。

人生八苦無可避免，當我們更了解苦諦，方能找到遠離痛苦的方法，找到長久的安寧。就我自己本身，因為學習佛法，因而在待人處事上，能更加地平心靜氣，視野也更加寬闊，我很希望將學習後感受到的寧靜分享給母親。為此我與先生每週五一大早，會專程開車回高雄接送父母親到圓明寺學習佛法。

這是一個很特別的緣分。

母親很喜歡在圓明寺中學習的感覺，寺院裡那尊悲憫的菩薩像與安詳的氣氛，還有法師的引導，拉近了她與佛法的距離，更平靜了她的心靈。

休息時間，母親會在寺中漫步，或走進大殿向佛陀頂禮。將心下的惶然、悲傷與喜悅等各式各樣的情緒，寄託在每一次的跪拜中。

念佛成了母親生活的重心，父親則不然，總念叨說不要去，年紀越大後，父親越發懶散，常常在客廳沙發上一坐就是一天。我便更積極勸說父親去上課，因為他們去學佛的班級會組織學員做操、拜佛，讓讀經的長者能活動身體。就算父親無法真的將佛法學到心裡，但適當的運動也有益於他的健康。

父親嘴上嘮叨，也不是一味地抗拒。

我和他說：「爸，大姐過世你們都很難過，我更怕媽媽的憂鬱症因此復發，她既對學佛有興趣，你就要陪她去，讓她心裡有寄託。」

父親聽進去了，只要喊他，他就會去，甚至會騎著摩托車載著母親，兩人就這樣互相依靠著前行。

那天我回到娘家，父親正在抄寫心經，母親在一旁陪同。

父親很不耐煩，寫一寫就停了下來了。母親在一旁笑著說：「你的字越寫越漂亮了！」

父親斥道：「什麼漂亮！只會亂講！」

「好啦，你繼續寫！」

看到我回來，母親起身招呼，我知道父親沒有惡意，還是擔憂母親會因此受傷，避著父親，小小聲問母親：「媽，妳還好嗎？爸的話妳不要放在心上。」

「不會啦。」母親說：「妳爸的個性就是這樣，我不會跟他生氣。」

這條陪母親走過憂鬱的路走了十二年，
此刻我深切地感受到——她終於回來了！

像是真的不在意，母親的臉上掛著笑容，沒有一絲勉強。

我一時想不起來，以前父親對母親大聲說話的時候，母親也是像這樣毫不介意地笑嗎？父親一直是直言直語的個性，有時總會不經意傷到了人，母親是否長久隱忍在心，直到心承受不住了，才抑鬱成疾？

我是因為學了佛法，才能在看待周遭煩心事的時候，學會不再輕易動氣。母親呢？她也是這般嗎？無論母親是如何轉換自己的心念，能夠看到母親這樣開朗地笑，就足以讓我露出微笑。

要回去的時候，母親拎著大包小包陪我走出家門。

「這裡有一些滷味，還有我做好的一些便當，給妳帶回去吃，我都幫妳分好了，妳放到冷凍庫裡，要吃再一個個拿出來退冰就好。」

熟悉的言語和母親的手做美食讓我不禁眼眶泛淚，等了十二年，這一刻我切切實實地感受到——我的母親真的回來了！

深情回望，兩千八百里外盡孝路

洪文興（文／曾文姿）

兩千八百公里，是我與孝順的距離。
而我茫然無措，不曉得該如何填補時空的縫隙。

我握著藍色的話筒，投幣式電話顯示的數字不斷變少，如同潛水一般，數字不停下落。一百塊的電話卡，只能讓我與家裡進行幾分鐘的通話，完全無法補足所處空間的差異。

「媽，家裡還好嗎？」數字的變化讓我有些緊張，語速也不自覺地跟著加快。

「都好！都好！在臺灣讀書要認真一點，知道嗎？」母親的聲音透過話筒傳來，聽著有些模糊，因而讓我清晰地意識到，她在二千八百公里之外的印尼。

我抓緊時間，詢問家中的狀況，匆促回報在臺求學的點滴。母親說，一切安好，大家也都很健康，唯一令人心煩的，只有不停鬧事的哥哥。

「哥哥？他怎麼了？你們又吵架了？」

我一愣，忍不住追問，母親卻講不清楚，讓我在電話另一頭獨自著急。然而獨處海外，就算知道家中紛爭的原因，我又能如何呢？難道能立刻飛回去，調停他們的誤會？

我不曉得該如何是好。

曾經我與家中緊密難分，距離的鴻溝卻讓我彷彿成了一個外人，獨自著急難耐，卻束手無策。

我們家是在印尼生活的華僑，從曾祖父開始便從事遠洋捕魚的工作，父親也繼承了父輩的職業，以海為生，因此經常不在家。記憶中的父親並不多話，臉上被海風刻滿皺紋，背著一家重擔的身體有些佝僂，而那雙微瞇的雙眼，盈滿了對家中三個小孩的期待。

到現在，我還都記得父親對我說過：「以後家裡就靠你了。」

我與孝順相距兩千八百公里，
令我茫然無措，不曉得該如何填補。

當時不是很懂事的我，在聽到這句話時，也懂得這句話的份量和伴隨而來的負擔。

身為家中次子，上有哥哥下有妹妹，本不該由我扛起所有責任，奈何哥哥許多行徑都讓父親不放心，而妹妹年紀又小，我便承載了父母所有的期待，懵懵懂懂地被寄予厚望。

小時候的我是不懂的，我不明白扛起責任代表什麼？也不曉得該怎麼做？當時只顧著畏懼父母對哥哥嚴厲的管教，從沒有思索，父親對我的冀望代表了何等的重量。

父母眼中的哥哥應該是極為叛逆的吧。從國中開始，他便與同學四處遊玩，一開始只是單純的一起出遊、打電動。對家庭不算富裕的我們家而言，哥哥的同學是非常大方的，不僅常常請客，還帶著他四處遊玩。分不清是義氣還是蠱惑，讓青春期的他們變得非常要好，兩人總一起蹺課、玩樂，隨之而來的是哥哥成績的下滑。

這引來了學校的關切，母親因此常被叫到學校去。說福建話的她不太懂印尼語，只能磕磕絆絆地不斷道歉，回來就大發脾氣，對著哥哥便是一頓好打。

「我讓你讀書，你顧著玩，還敢蹺課！」

母親掄起拳頭，用力地捶著咬著牙、不發一語的哥哥。我同妹妹躲在一旁，不敢上前緩和氣氛，只在每次拳頭落在哥哥身上產生的悶聲中細微地發抖。

不曉得大家有沒有看過人家打拳的模樣？打拳者每一次的發力出拳，都好似劃破空氣，紮實而沉重。母親捶打哥哥時也是那樣，動作狠戾，令人生畏。

母親該是氣極了吧，因此無法考慮這樣的修理會落下什麼後遺症，只期待猛藥能打回哥哥。出海歸來的父親，看見哥哥的行徑，也極為憤怒，或許是「愛之深，責之切」吧，有時用皮帶、有時用藤條，打得哥哥傷痕累累。

可惜父母的打罵從沒能換來哥哥的認錯，只得到他半是絕望，半是憤恨的眼神。

極端的管教方式，不但沒把他導入正途，反而徹底破壞了他和父母的情分。或許彼此都被傷得太重，讓心靈更加疏遠。哥哥只能像滿身是傷的野獸，孤獨地舔拭傷口，痛苦但不容旁人親近。

也許是因為總看著哥哥被那般嚴厲的處罰，所以我和妹妹不敢造次，越發乖巧，更襯得哥哥格外桀驁難馴。

哥哥的退學則壓垮兩位長輩的期待。從此他沒再念書，四處打零工過活，不斷與父母爆發嚴重的衝突。

我不知道該如何是好。我看過哥哥因為被打得自尊心受挫而流露出的陰鬱表情，也看過母親又氣又急得近乎流淚的模樣，我沒法幫任何一方說話，急得團團轉。

也許是因為不再期望哥哥，所以父親總語重心長地對我說：「這個家就靠你了。」

一次又一次的告誡，在心中漸漸烙下沉沉的重量，該怎麼做？我不曉得，只覺得混亂。

後來，升學的壓力很快地便讓我無法顧及家中的矛盾。我像是被拋入急速流轉的漩渦中，思緒被捲得一團混亂，只能努力順著漩渦的走向旋轉，試圖在這之中找到一條光明的道路。

為了增加未來的競爭力，我開始補習英文與中文，畢竟多掌握一些語言總是有益無害。

「以後家裡就靠你了。」
這是父親對我的期許，也是我最沉重的負荷。

那個年代的印尼明文禁止學習中文，所以我們都只能私下找關係學習，也許是因為如此，我格外珍惜學習中文的時光。當然，對於國中才開始學注音符號的我而言，中文不啻是天書一般的存在，儘管有興趣也願意努力，但依舊學得跌跌撞撞。

我本以為學中文就只是增加一個未來求職的資本，卻沒想到因為學習，開啟了一條從未想像過的道路。

起因是教我中文的老師在我高中快畢業之際，這麼問我：「既然你都學中文了，要不要考慮畢業後去臺灣念書？」

「臺灣？」老師的提問成了一個大大的疑惑在我腦海盤旋。

畢竟家中經濟總是捉襟見肘，能補習中文還是因為老師收費便宜加上母親努力節儉。這樣的情況下，我從未想過人生能有出國讀書這樣的選項。我覺得老師在對我開一個美麗卻虛幻的玩笑。

「別太擔心，臺灣有一個單位叫僑委會，去那總會有人照顧你的。」

老師溫和的聲音在我腦海中編織成一道美麗的嚮往。是嗎？我可以嗎？我有能力坐上飛機穿越重重雲海，去到一個完全陌生的國度，然後在那兒生活嗎？

我不曉得，回家後有些遲疑地將老師的建議告訴母親。

「臺灣？你要去到這麼遠的地方讀書嗎？飛機票很貴的，我們付得起嗎？」母親面露難色。

看見母親的為難，我沉默了下來，不再跟母親要求。家中的狀況我是知道的，能出國是種幸運，若無法，也無需太過在意。

想不到母親卻默默地找了她的胞弟，也就是我的五舅舅，借了一筆錢。她望子成龍，能有機會讓孩子過得更好，母親都想去嘗試，所以即使是借錢這種難以開口的事情，她依舊為了我去奔波。

「姐，你一直很照顧我，能幫上妳的忙我很樂意。」五舅舅對母親露出微笑，握住她的手輕輕拍了拍。

回想當時五舅舅的義不容辭，除了他與母親本就感情深厚之外，更是因為母親一直都很照顧同胞的兄弟姐妹。母親說過小時候家裡窮，所以父母都在外奔波，她自然擔起了照顧兄弟姐妹的責任，如同褓姆一樣張羅三餐、照顧手足。

多年後我學了佛法才明白這是一種種瓜得瓜、種豆得豆的道理，母親種了許多善的種子，才能結很多善果，讓我們每每有所需求，都有人伸出救援的手，幫我們跨過難題。

五舅舅雖然願意幫忙，卻也只能提供我第一年的學費與機票錢，再多是沒有的。畢竟他也有一個家庭需要照顧，我十分理解與感恩。

雖然經濟問題暫時解決了，卻仍有許多難點等著我克服。其中最艱辛也是最關鍵的，便是我的語文能力。一直以來我還是挺認真學習中文的，但中文水平仍上不了檯面。本來是不以為意的，但牽涉到留學，怎麼也不能繼續維持舊有水準。

更何況讀書也不是有錢即可，還需要先到臺灣念國立僑生大學先修班，和來自各地打算到臺灣念大學的僑生們競爭，擠過考試的門檻才行。我揣著不多的錢和忐忑的心，坐上飛機往臺灣飛去，前路未卜，我只能在劇烈的心跳中向前邁進。

父母和妹妹到機場來送行，哥哥卻不見人影，我不曉得對他來說，看著我出國讀書有什麼感受。畢竟他早早停了學，而我卻一路學習，甚至出了國。

儘管我只是先去讀先修班，眼前還有很多的未知數，但父母看我的眼神卻帶著安慰與放心，像是我考上大學，踏上光明的前景指日可待。

為了不辜負大家的期待，我只能埋頭苦讀，連出國的欣喜與新鮮都來不及體會，便捲入文字的風暴。一個個方正的文字填塞在腦海，打起了架，同形字、異體字互相遷就，近義詞、反義詞互相攻訐。我暈頭轉向，深怕一不小心便捲入文字海的深淵，再也找不著方向。

異地他鄉的生活，
是靠著希望家裡過得更好的心撐下去的。

幸運的是，我考上了中山大學，但幸福還沒到來，中文能力的不足便造成極大的困境，畢竟為了考試所學不過是囫圇吞棗，離真正運用還有很大一段距離。所以即使我再怎麼認真，上課都坐在第一排，還是鴨子聽雷——有聽沒有懂！我坐在講台下，看著教授的嘴一張一合，任由巨大的茫然充塞在心中。

如果繼續這樣下去，任由我重修幾年，也不可能畢業吧？我自問，然後覺得沮喪又難受，惶恐與忐忑鯁在喉頭，讓我臉色灰敗。打工還沒找到，不曉得未來該怎麼支撐生活，學業又一塌糊塗，若來臺灣是為了陷入這樣的困境，我又是為何要來？

那陣子我拿起公共電話的話筒，總有千言萬語想打回去訴說，話卻在嘴裡轉了轉，又吞回肚子，號碼還沒有撥出，我就把話筒放回原位。人們都說報喜不報憂，相隔千里，我又怎能讓他們擔憂？

我懷抱著巨大的憂愁去了僑聯社，希望尋求協助。裡面的老師聽到我的困境，拍了拍我的肩膀。

「別擔心，我們一起想辦法吧。」

老師找了許多學長姐來幫我補習，再去找我的中文老師求情，讓我最終能飛越六十分的門檻，不至於被死當。他甚至幫我申請了獎學金，介紹我許多工讀的機會。可以說在人生地不熟的臺灣，他就像父母一般照顧我，才讓我能從巨大的茫然中走出。

那時除了上課、讀書的時間，我幾乎都在工讀，為了學費與生活費奔波。忙碌讓我難以關懷那在遠方的家，只因生存便已太過艱難。在班上同學看來，我應該特別怪異吧？既不參與班級活動，下課也從未在教室逗留，總匆匆來課堂學習，再匆匆去打工。

當時最好的朋友是打工認識的學長，他同我一樣是華僑，家中清寒，與我不同的是他十分聰明，幾乎年年拿書卷獎。我特別佩服他，也特別喜歡與他互動。而他總無私地分享學習的方法，讓我苦苦支撐的學業開始漸漸走上軌道。

擔憂家中的心情、學習的困擾以及忙碌運轉帶來的苦悶，都因有他的陪伴，我才不至於孤立無援，茫然無措。

「爸跟哥又吵架了。」妹妹小聲說著，聲音有些低沉，像是擔心她跟我說的內容讓人聽去，又像是因為心情不快而提不起勁。

「哥在家嗎？」我用力將話筒壓在耳朵旁，擔心漏聽妹妹的話語，眼神則瞄向不斷倒數的金額，暗自盤算著我還能同家人講多久的電話。

「他自從去舅舅那邊工作後幾乎就住在那了，很少回來。但每次回來，兩個人都吵得不可開交。」

「唉……。妳呢？還好嗎？」

「心情很差，卻不知道怎麼辦？每次看著他們爭執的時候，我都好想離開這裡。」

妹妹的喟嘆順著話筒滑入了心裡，來不及安慰她，電話卡的金額便已經耗盡。以前在家裡，我們兄妹好歹能一起吐吐苦水，互相加油，但現在，我連一句安慰都來不及說。

那個年代的網路還不發達，要跨越二千八百公里的阻隔，除了電話，只能靠書信。所以我無法及時掌握家中的情況，就算知道了，在時空的差異下，我也很難出力解決。

無能為力讓我忍不住流下了淚，不明白我們家要怎麼樣才能走出死局。我有辦法打破家裡的困境嗎？我還能夠有所作為嗎？我不知道，每每講完電話，我都只能呆坐在窗邊，看著黑夜降臨。

學長知道了我的困境，有時會帶著我一同禱告。我並非基督徒，但每

我以為靠自己的奮鬥，生命才能有所成就，
然而若沒有父母，所有的一切便不會開始。

當虔誠地跪在地上，向上天祈求時，痛苦的心便會慢慢沉靜下來。

「如果可以，我希望家裡無憂無災、無病無恙。」我低下眉眼，虔誠地祈求，讓所有心意順著低聲的禱告飄散而去。

開始更加堅定協助家裡的想法，是大四畢業之際，因緣際會下和一位打工認識的文學系學妹——也是我後來的妻子，一起去參加了一個三天兩夜的心靈成長營之後。

營隊中的講義引用了傅佩榮教授的演講內容，薄薄幾頁的講義，卻有著讓人難以釋手的魔力。

我立刻被深深地吸引，尤其當教授講到他在國外的奮鬥史，更是讓我感同身受，而他淵博的學識更是令我佩服。對他的敬佩成了一種嚮往，讓我想更理解他課堂的內容。

我開始認真學習儒家經典，從原來只為了考試而讀，到現在為成長而學習。周圍好多人都不理解一個中文不算流利的僑生，怎麼會這麼迷戀古典文學。我卻在學習的過程中越發被感動，書中有好多做人處事、修身養性的道理，許多發人深省的譬喻更讓我著迷不已。

「子生三年，然後免於父母之懷。」我呢喃出聲，停下翻閱論語的動作，再三咀嚼。短短的一句話，如同一道驚雷劈在身上，讓我渾身冒出冷汗，顫抖不已。

我以為生命是靠著自己的奮鬥，才能成就一番風光，然而若沒有父母的細心呵護，我怎能長大成人？怎能識字學習？又怎麼能來臺灣受教育？我從未認真思考過，沒有父母照顧的我，現在會是怎樣的光景？一直以來，我只是默默關心家中狀況，卻從未有什麼作為。這又怎能說是關心家裡呢？我根本從沒有付出行動呀！

「要怎麼做？我能怎麼做？」我闔上論語，喃喃自語。現在的我雖然渺小，能夠做得並不多，但我一定有能行動的方向！

當下我選擇了兩條路，一是盡可能的多賺點錢，讓父母脫離貧窮，讓他們不用為錢奔波；二是努力幫助家中手足，希望他們也有美好的人生，使父母不必再為了他們擔憂，能夠安下一輩子為子女煩惱的心。

希望讓父母過好日子的心情，讓我不由得想起努力打拚，只為讓我們溫飽的父親，他也是懷抱著讓妻子與孩子能過得更好的心情，忍受風吹日曬，出海工作。

因為長期在海上生活，父親的身上總有股魚腥與海風混合的複雜味道，這味道構築了我童年對父親的記憶，只要鼻子聞一聞，便知曉今日父親是不是在家裡。

家中三個小孩，我最受父親疼愛。不出海捕魚的日子，他為了處理魚貨的買賣並添購出海的必須品，常會帶著我坐上客運，搖搖擺擺地朝漁港前進。

「你可好命啦。」父親伸出手指刮了刮我的鼻頭，聲音微帶笑意。

「我從小就跟你爺爺在海上生活，一開始暈船暈得可厲害了。」

我不服氣地撥開父親的手指，卻又著迷於父親講述的那些關於大海的故事，像是隨著他的話語，我也坐上那艘船艙黯淡的小船，在海波的起伏中經歷那些刺激的、無聊的、疲憊的海上生涯。

來回大概兩個小時的車程，我會緊緊捱在父親身旁，如果累了，就伴隨父親的故事沉沉睡去。倚在他的膝頭，嗅著海腥味，有時會夢到那艘乘風破浪的小船。

那時候的父親在我心中便是高大的、沉穩的、值得敬畏的。

在臺灣一人打拚時，和家人相處的記憶會重新在腦內拼湊，勾勒我對他們的思念。沒有見面的日子，不曉得他們是否還是記憶中的模樣？

隨著年歲增長，母親的手變得好小，
這讓我驚覺自己真的長大了。

大學畢業時，我才第一次回到印尼。帶上打工時存下的所有存款，再次乘坐飛機，這次我不是離開，而是回家。家中依舊是記憶中陳舊而溫馨的模樣，但父母的背脊卻駝了，妹妹則抽高了不少。離家時哥哥還住在這，現在卻少了他的身影。

「文興啊，在臺灣過的好的話，也想個辦法讓你妹妹去讀書吧。還有你哥哥，我實在不曉得怎麼幫他啊。」

母親握住我的手，叨叨絮絮地述說著這幾年的生活，我看得出母親眼底的擔憂。

「媽，妳不要擔心。」

我反手握住母親的手，跟以前相比，她的手變得好小，以前她打我們的時候，常覺得母親的手掌怎麼這麼大，躲都躲不了，現在再一看，卻又好像不是這麼一回事。母親的手有著厚重的粗繭，指甲修得短短的，握在我的手中，傳來溫和的暖意。

那一刻我突然驚覺到，或許不是母親的手變小了，而是我長大了。父親曾說的：「這個家就靠你了。」又回到我的心頭。

以前我不懂，現在的我好像懂了。

妹妹跟隨我的腳步，努力考上了臺灣的大學，很剛好的是，她考上的竟是我的母校。我回去拜託還在校的學弟妹，他們很爽快地笑著答應會好好照顧妹妹，所以她很快就安排好自己的生活，不像我一開始來臺，手忙腳亂，無所適從。

「妳知道，哥哥永遠是妳的後盾。有什麼需要幫忙的，儘管跟我說。」我看著臉上仍帶稚氣的妹妹，堅定地對她說。

妹妹一貫是令人放心的，沒讓我操太多心。真正困擾我的，卻是該怎麼幫哥哥。

雖然父母與哥哥的衝突頻繁，但他們依舊掛心著他，只是不會表達。有時他們恨鐵不成鋼的絮叨，更讓哥哥心中的鬱悶與憤恨不斷積累。好似重重的鎖掛在他們的心房，不論哪一邊，都難以靠近對方。

尤其當哥哥在工作上受挫，臉色陰沉地回家時，父親便會皺起眉頭，指責他不夠努力，或是翻起舊帳，細數哥哥曾犯過的錯誤。這樣的做法好似拿起刀，在哥哥從未癒合的傷口上反覆疊上傷痛。但父親又何嘗不是椎心蝕骨的？眼見兒子的挫敗，他卻絲毫使不上力，難免更加氣急敗壞。

哥哥也是不喜歡我的。

對他而言，我就像是道路的另一端，代表了他嚮往的、錯失的、再也不可能踏上的人生。我順利出國、就學、找到工作，更備受父母喜愛；他打零工、四處尋找機會，不斷衝撞卻依舊困在原地。

因此他刻意忽略、蔑視我，用彷彿燃著火焰的眼神將我釘在原地，讓我不曉得怎麼靠近他，而哥哥對我的惡劣態度也讓我倍感挫敗。

《弟子規》中有一句話這麼寫：「兄道友，弟道恭，兄弟睦，孝在中。」但若兄不友又何來弟之恭？這令我感到茫然。我想幫哥哥，但又找不到幫助他的理由，任心緒流轉，依舊難以行動。

直到我看到一張照片。

「這是……。」我遲疑地從抽屜拿出被積壓在深處的相本，停下原本打掃的動作，信手翻了起來。

相本中紀錄了我開始工作後存錢帶全家人來臺灣遊玩的回憶。裡頭有大笑的父親、正在購買紀念品的母親、吃著糖葫蘆的妹妹，以及總是待在角落，與家人保持一段距離的哥哥。他眼神空洞，看著遠方，卻像是沒有目標。

看著哥哥的照片，有種劇烈的衝擊從腳下升起，一瞬間世界開始天旋地轉，讓我幾乎站不住。我用力扶著額，靠在牆上，眼眶開始泛紅。也許是我的異樣實在太過顯眼，勤勞擦著窗戶的妻子停下了動作，帶著驚訝的神色靠近我。

「文興，你怎麼了？」

有時，父母親的叨念只是因為關心，
我們卻要在受了幾百次的傷後，才能理解。

「我在想……我真的好想幫上哥哥的忙。」我抓住妻子的手臂，試圖汲取一些溫暖，卻仍走不出照片的衝擊，

我把照片遞給妻子，相片中的哥哥看來十分瘦弱，原本個子就不高的他微駝著背，無精打采地垂著頭，而那雙眼、那雙本該充滿活力的雙眼，盈滿了迷茫。

這為我帶來極大的衝擊，一直以來哥哥在我心中的形象都是孤高的、燃燒著怒火的，但照片中紀錄的卻是已被現實壓垮的他，無奈的、悲苦的佇立於世。妻子看著照片，默然半晌，拍了拍我的肩。

這讓我淚流不止。

我開始積極為哥哥尋找出路，一方面希望他能走出困境，二方面也希望哥哥重回教育這條路，我因而鎖定各大學校的外語中心，找遍各種條款，分析哥哥是否有機會重新就學，並替哥哥不斷申請。幸運的是，有一間大學通過了申請，甚至已經發放了入學通知，只差一張簽證，哥哥就能

順利來臺了！

「去臺灣？你是在開我玩笑吧！」

哥哥的聲音帶著強烈的質疑，聽來卻又有著迫切。他應該也是十分矛盾的吧？矛盾著想逃離現狀，卻又不相信自己有這樣的能力。他懷疑我，更懷疑自己。

「哥，我問過了喔，只要申請到簽證就好啦！我也問過辦事處那兒的承辦人了，他說如果我們能拿到入學通知，那辦簽證不難的！只要去面試一下就好了！」

我在電話的一端不斷說服著哥哥，懇切的語調讓哥哥靜了下來，沉重的呼吸聲傳來，靜默讓我十分緊張，就怕聽到哥哥對我說不。

「那……我怎麼過去雅加達？辦簽證要去那吧？」

聽見哥哥軟下來的聲音我忍不住露出微笑。

「我幫你買好機票啦！來回票！你就只管去就好，什麼都別擔心！」

哥哥輕輕地應了聲，但我的喜悅之情已不由自主地衝至頂峰，一切好像都在朝好的方向前進，我實在好高興。

然而雅加達辦事處卻沒有通過哥哥簽證的申請，所有的期望瞬間成了泡影，這對我不啻是晴天霹靂。怎麼會？怎麼會不通過？

我驚慌失措，也有些不服氣，甚至打電話去給負責簽證的簽證官，想問問為什麼？卻只得到一句：「不能干預我們判斷。」的答案。事實既成，好似也沒有反駁的餘地。

沮喪侵襲了我的心，那一刻我既難過又羞愧，我好對不起哥哥，怎麼會給了他希望，卻又將他打落萬丈深淵？

失落也深深打擊了好不容易要露出微笑的兄長。有句話這麼說：「沒有期待就沒有傷害。」哥哥是這麼期待在臺灣展開新生活，卻在臨門一腳的時候被踹回原點。於是他更加封閉了心房，父母也很失望，不解這個長子的命運為何總是這般坎坷？

於是父子兩人的衝突加劇，哥哥常常外宿，幾乎不回家，面對我更加不假辭色，原本漸漸走向幸福的我們家再度繞回原點。

在沮喪與挫敗縈繞內心之際，我的職涯也面臨轉折，我去到新公司，重新適應新的生活。新公司因為人員眾多，所以福利也相對完善，內部創辦了許多社團，舉辦各種活動。

當時社長的哥哥來公司分享他的生命故事，這引起我的好奇，因為我很想知道，為什麼演講者能夠讓原本瀕臨破碎的家庭關係變得圓融、和樂？如果知道了方法，是不是我們家也能跟他一樣改變？

於是我參加了舉辦此場活動的單位主辦的讀書會，想多了解一些東

我一直用金錢建立虛幻的快樂，
但真正的快樂，其實是心理的滿足與富庶。

西。然後發現，這個讀書會是以佛法為內涵進行研討，以此為契機，我開始學習佛法。也許是因為我一直有在學習儒家經典，加上總能在佛法裡面感受到許多相似的內涵，因而十分有感。

因為學習了佛法，我重新審視了自己和家人相處的方法。我一直以金錢來援助家裡，以為讓家人過上更好、更富裕的生活，便能扭轉家中那緊張的氛圍，然而這樣便是正解嗎？

金錢終究是虛幻的，所以當我無法幫哥哥得到理想的生活時，家庭關係便被打回原樣，我以為我們正走向幸福，實際上是走在鋼索上，下方則有洶湧的海波等著我們墜落，伺機將我們拖回深淵。

我開始學習更加關注他們的心。我更常噓寒問暖，關懷他們的健康，也試圖盡己所能的，努力為他們營造更好的環境。

我重新揣摩哥哥的處境，思考他為什麼會變成現在這樣的個性？一直以來他因為教育程度較低，自尊心早已飽受折磨，卻又得不到關懷，加上往來的朋友多數社會地位低落，互相複製彼此的處境。哥哥所處的環境淡漠而無愛，所以他走不出來，陷在死胡同中找不到出路。

而我以前一直以協助者自居，但他不僅是我想幫忙的人，更是我的兄長，是我景仰的、喜愛的，血濃於水的親人。我該做的不只是高傲地伸出手，而是與他同行，傾聽他的心聲，理解他的想法。

最後，我讓哥哥以外籍工作者的形式來臺工作，讓他暫時遠離家中的紛紛擾擾，也好就近關心他。

哥哥和我剛來臺灣時一樣，中文並不流暢，但還好閩南語能夠溝通。某次，聽著哥哥說閩南語時，一個靈感突然出現，我可以讓哥哥參加以閩南語進行授課的佛法長青班。如果能讓哥哥加入，一同學習佛法，是不是哥哥也能修復破碎的心，變得更柔軟？

「你哥哥這麼年輕，為什麼要幫他報名長青班？」長青班的班長歪著頭，不解地問我，表情帶著困惑。

「班長，我哥哥他中文不好，但我很希望他能透由學習佛法，重新思考和父母的關係。」我低下頭，深深一鞠躬，交疊的手不安地動了動。

其實這並不符合規範，畢竟哥哥年紀明顯不合資格，但也許是因為學佛者都有一份為人著想的心，班長沒有多加反對，也不再追問，只是笑了笑，就接納了哥哥。

每每哥哥上課之時，我也會陪著他一同前往，這是我們多年風雨後，令人珍惜的手足時光。哥哥並不排斥佛法，因為在印尼時他便參加過出家體驗營，因此這番的安排讓他十分高興。或許是因為我的陪伴，又或許是上課的影響，我們的關係在這一來一往間親密許多，他漸漸也能聽進我的勸告，對父母的態度更趨緩和。

「你不覺得舅舅就只會講好聽話嗎？他幫了那麼多人，卻不幫媽媽，那是他的姐姐耶！」

哥哥偶爾會對我吐露內心的苦悶，有時是與父母相處的難點，有時是對親戚的憤懣。我曾聽說他在舅舅底下工作時，鬧得十分不愉快，也許正因為他和我們有著血緣關係，所以會更敏感，只要稍有不順心之時，便無法理解為何舅舅不能體諒自己？

「哥哥，一直看別人不好的一面對事情沒有幫助的，不過是加深負面的情緒，讓自己更痛苦。」

我倒了一杯橘子汁，放到哥哥面前，甜甜的香味在空氣中瀰漫，讓氣氛和緩不少。

「但我就是忍不住會去想……尤其當爸一而再、再而三提起那些陳年舊事，我實在受不了。」哥哥的聲音有些低沉，像是再度陷入了那些受父親責難的記憶裡。

「你也知道，爸媽他們生長的年代和我們不同，加上他們其實並不了解你，所以只能用自己的方式去愛你。你要相信他們是愛你的，只要看到這點就好了。」

不要膠著在曾經的痛苦，
要去看到父母對我們的愛，只要看到這點就夠了。

母親曾因為哥哥那看來消瘦的背影淚流不止，她十分自責，認為哥哥之所以會長成這般瘦小的模樣，都是因為自己教育不當，用打罵的方式對待哥哥，讓哥哥在如雨般落下的拳頭中縮著身子，因而再也伸展不開。

「但我到底要怎麼跟他們互動呢？就算知道他們愛我，我還是沒辦法放下、不曉得該怎麼辦啊？」

「試試設身處地想看看吧！如果你是父母，你也不會想要把孩子逼進牆角，看著他消沉失意吧？如果能這樣想，一定就可以更溫和地回應他們吧？」

看著哥哥泛紅的眼眶，我靠了上前，給他一個久違的擁抱。他沉默半晌，大聲地哭了出來，像是要將這幾年的委屈、不滿一併讓淚水帶走一般，大聲號哭。

後來哥哥漸漸能控制脾氣，雖然偶爾還是會失控，卻更會拿捏分寸。這轉變令我欣喜，內心盈滿了溫暖的喜悅。因為哥哥放下了痛苦，學會拾起幸福。

哥哥的改變，讓父親與母親十分欣慰，雖然他們的表達仍是彆扭、羞於讚美的，但眼神卻柔和了許多，彼此的相處也不再火藥味十足。

對於父母，我總是有些放心不下，他們年紀大了，膝下三個孩子卻都在千里之外，加上父親身子弱，我們又無力時刻照料。妹妹和我在臺灣新組了家庭，早已經落地生根，只有三年一聘的哥哥比較沒有顧慮。但就算這幾年他們關係已漸漸好轉了，哥哥會願意放棄這裡的生活，返鄉照顧父母嗎？

「真的需要我的話，我可以回去照顧爸媽。」哥哥不帶一絲遲疑地這麼對我說，說實話，我有些意外，也很感動。

我不曉得是不是有一天會需要哥哥放棄現有的生活，回到印尼，但我知道，在照顧父母的時候，我有一個堅實的後盾，忠誠的盟友。

擔心的情緒在聽見父親掃墓時突然昏倒達到了巔峰。父親一直有先天性的心臟問題，以往捕魚的工作傷害更讓他膝蓋有著陳年的舊傷，這讓我十分擔心，如果哪天父親再度昏倒，而沒人發現的話……。

這想法讓我全身發寒。

「媽，爸爸身體有沒有比較好？」

父親就醫的消息傳到我這邊時，早事過境遷，他已經出院回家了。雖然知道父親情況早已穩定，我卻仍是擔心，拿起手機便打回家。

「沒事啦，不用擔心。」也許是因為重聽讓母親聽不清我的問話，又或許是不想我煩憂，她的回應含糊地嚼在嘴裡，聽著模糊不清。匆匆談過幾句，母親又掛上電話，讓我無法追問。

我知道遠水救不了近火，而只有擔憂其實也無法改變現狀，不如盡己所能地防範。我多次將父親接來臺灣進行治療，回印尼時也多去鄰居家走動。鄰居與我們比鄰已久，彼此感情深厚，所以很樂意多照看我的父母，這讓我稍稍鬆了一口氣。

在情況允許的時候，我也盡量接父母來長住，政策的限制讓父母在現階段沒有移民的希望，只能以簽證的方式讓他們待著。

以前沒學佛前，父母來臺我便帶著他們遊山玩水，看盡臺灣風情，及至學習漸深，我開始動起帶父母一同學佛的念頭。

一方面是因為父母來臺時，若我在上班，他們也只能在家看電視，既沒有能串門子的鄰居，受限於語言限制，能看的台數也有限；另一方面是我想起了佛法學到的「無限生命」的道理——生命是相續的，這生結束，還有無盡的輪迴在等待，若不了解這樣的真諦，便以為死亡即是終結，於是在不知何時降臨的死亡到來之前，會害怕、徬徨，無所適從，更不會為

學習讓我們凝視那些善的、好的，
也才能溫柔待人，學會體諒最親愛的家人。

了來世而準備。

死亡從不會在你準備好時到來，若有一天，是我比父母早走，那他們又該如何自處？他們會不會從此就不知道怎麼照顧自己的心靈？

這想法更堅定了我帶他們學佛的心。

幸好父母不排斥佛法，而且看得出在學習的時候，他們的笑容多了，也不像以前總有許多的擔心。大概這也跟不再需要擔憂哥哥有關吧，心一旦平靜了，整個人也就跟著開闊了起來。

我也開始更注意跟父母互動的模式，想盡量創造適合學習、思考的環境。比如以前聊天時，聊到親朋好友，總不免夾雜抱怨，加上母親有個習慣，講話時會像跳針一般，重複講述以前早已談論過的話題，所以不管好的或壞的，她都會不斷重說。母親是無意的，但我卻覺得這般不斷談論別人過失的話盡量少說為佳。我學著轉移話題，讓母親多看好的一面，並在察覺他可能又要說抱怨的話之前，將話題轉開。

我想過，以前家中會這般喧鬧，也許便是因為大家容易看到那些缺點，於是不斷指正，然而這些缺失卻在凝視中被漸漸放大，於是我們忘了看優點，只揪著過錯不斷抱怨。就像哥哥的退學變成了一道黑影，大家看見他的不學無術，卻沒看到他的刻苦耐勞，因此不經意地在哥哥心中不斷造成傷痕。

正是因為學習，我們才學會凝視那些善的、好的，也才能以溫柔的、喜悅的態度待人，並改善彼此的關係，學會體諒。

父母在臺灣的簽證到期了，我也買了一張機票，跟著他們一同飛回老家。也許是年紀大了，舟車勞頓讓他們顯得有些疲憊，加上過海關時可能會遇到一些問答的情況，也讓兩位長輩顯得有些害怕。我想盡可能陪在他們身邊，讓他們心靈得以安定。

「這是我在臺灣買的一些土產，很好吃喔，您們嚐嚐看！」回印尼老家後，我帶著特產去鄰居家拜訪。

「唉呦，你真是太客氣了。」

「沒有啦，一直都有賴您多照顧了。」笑了笑，我將放著特產的提袋擺到桌上，鄰居阿姨用力地拍了拍我的手臂。

寒暄了幾句，我轉頭又鑽回家中那小小的、紅色的鐵門。悠揚平和的音樂傳來，凝神辨認了一會，是父母在佛法班便很喜歡唱的歌曲。

「那夜我聽到你的嘆息，那夜想起深恩的你，樹影婆娑，月兒明照。」母親小聲跟著唱，手上拿著一把菜挑挑揀揀。她看了我一眼，彎起可愛的笑容，我也跟著笑，拉了張小椅子過來，跟著母親一起挑菜。

父親坐在不遠處，拿著自己印製、護貝過的《心經》，閉著眼搖頭晃腦地大聲背著，像是坐在課堂中被點名背誦的孩子，十分認真。他一向是愛背經的，還參加過背經活動，甚至拿過證書。

父母開心而放鬆的模樣讓我更加開心。我曾經不懂怎麼讓家裡過得更好，現在，我好像懂了。

回顧過往，我一直是個很幸運的人。小的時候有父母呵護、師長教導；成長過程中，有人資助我讀書、學習；在異地生活，同儕給了我勇氣與力量；成家後，妻子一直支持我盡孝，成了我最大的支柱；立業後找到新的學習方向，開拓新的視野；不斷學習的過程，家人也跟著一同努力，學著成為更好的自己。

就像一切都在冥冥之中自有安排一般。

以前的我靠著一股衝勁，四處碰撞，面對一切的變因感到恐懼，像是站在虛無縹緲的天空上，隨時可能墜落。學習像是讓人能在迷霧中尋找一條前行道路的明燈，讓胸臆中原本就存在的光亮越來越大，在跌跌撞撞中

透由學習，讓我在迷霧中也能找到一盞明燈，
不再畏懼前進。

走向新生。

這讓我漸漸不再畏懼，我不再恐懼身處遠方該怎麼同家庭相處；不再擔憂怎麼關心家人；也不再害怕拿起小小的話筒，隨時會斷掉連結，而不知所措。

因為在每個剎那，我都能安下徬徨的心。

善耕斯土，以慈心回報天地的長養之恩

天是父親，地是母親，
孝順能夠感動天，不孝是很可憐的。

王旭朗（文／蔡毓芳）

空氣中浮動著青草香與土腥味，當悶熱且濕潤的風拂來時，我停下撿拾石頭的動作，抬頭望去。成群的燕子飛得極低，像是舞動般劃著漂亮的旋，已經隨父母在田裡工作幾年的我立刻意識到——要下雨了。

「發什麼呆？」牽著牛走過來的父親不輕不重地朝我頭上打了一下，那張被陽光曬得黝黑的臉帶著催促。

「快下雨了，準備回去了。」

「喔，好！」

我加快撿拾因貪看飛燕而尚未清理完的石頭，轉身朝父親走去。從田裡走上馬路的那刻，父親鞋底沾黏的泥土隨之掉落到地面，褐黃色的泥土在灰色的路上特別顯眼。

「爸？怎麼了？」

我看著停下前進動作的父親困惑地問著，他沒有回答我，只是彎下身子，十分愛惜地捧起落在馬路上的泥土，放回剛犁好的田地。

父親鄭重的動作就這麼烙印在我的腦海，後來幾十年的農業生涯中，每當我走進田裡，看著一片的褐土，都會想到那一刻，在將雨的天氣裡，父親珍重地捧著泥土的模樣。

父親的動作就像一顆種子，種下了我對土地的看重，也收成了我對自然的珍惜。

從小我就隨著父母一起下田耕種，因為身為男孩，所以去田裡勞動的時間自然比家中姐妹多出好幾倍，也因此讓我擁有許多務農需要的能力，比如耐心、毅力，抑或是農耕的技術，都是在隨著父母身體力行的時候漸漸培養起來。可以說童年的時光，奠定了我務農的基礎，讓我少了幾分碰撞與摸索，多了幾分篤定與信心。

當然，原本的我對於去種田一事有些不耐煩，尚且年幼的我最在意的是要和朋友去哪兒玩，奈何身為家中勞動力之一的我無法擺脫工作的命運，總在父母的催促聲中拖拖拉拉地跟著走。

父親的教導讓我不用跌跌撞撞地摸索，
而是多了篤定與信心。

記得有一回，母親帶著我去田裡鋤草。番薯葉四處在土壤蔓延，雜草則在未被覆蓋的表土堅強地生長，滿田綠意盎然，在陽光的閃耀下，一時間竟分不清番薯葉與雜草的差異。想到等等要細細分辨，然後一壟一壟地拔草前行，只覺得眼前一黑。

「怎麼這麼多！要割到什麼時候才割得完啊……。」

「不要嫌煩，慢慢割就對了。」

母親拍了拍我的肩膀，率先走入田中，我歪著頭、垂著肩，無精打采地跟著邁步。彎下身子，一手握住雜草，另一手俐落插入土中，一翻一割，細細的雜草便握在手中。機械式地開始動作，只有越發熾熱的陽光和夏蟬的鳴叫在我和滿園的綠葉中流轉。

沉默地收割了半小時，我轉了轉僵硬的脖頸，才赫然發現自己不知不覺已向前走了好大一段距離，收割完的雜草在田頭堆成一座小山。這場景讓驕傲與喜悅在我的心中開始冒泡。

——啊，原來我已走了這麼長的距離了呀。

我忍不住露出了笑容，重新蹲下來，巴掌大的地瓜葉被陽光打上一層光暈，像是在恭賀我的收穫。接下來的時間裡，我的心境開始產生變化，原有的壓抑、煩躁，成了期待，我一樣埋首工作，卻更期盼等等抬頭能看見的光景。

那是第一次，在田裡勞動帶給我的不只有疲累與無聊，而是混雜了喜悅的成就感。從農的經驗更訓練了我的耐力，讓我能不斷堅持，並在無盡枯燥的工作中找到喜悅與成就。

從幼時便打下的基礎，讓我在退伍之後，信心滿滿地想成為一名專業的農夫。很多和我一起就讀專科的同學感到很不可思議，怎麼會有人不嚮往大都市的繁華與熱鬧，一心想回歸家園，從事這個看天吃飯的行業？

「阿朗，你要回後山從農嗎？這份工作有賺頭嗎？」

「沒問題的啦！」

看著他們飽含擔心與不解的表情，我笑出一口白牙。種田怎麼會沒有賺頭？這世上的人都要吃飯，所有人都有需求的行業，我想是最不需要擔心的。

父親聽到我打算返鄉務農的消息，給了我一塊田。

「這塊田給你，以後收成、營收，就讓你自己負責了。」

我看的出來他並不是很滿意我回鄉種田，因為我有許多的做法都與父親有所出入。就以噴灑除草劑這件事來說好了，父親認為除草劑一年至少要噴一次，我則不然，認為不噴除草劑也無妨，意見的相左總導致口角的衝突，而這類的衝突事件，在我家層出不窮。

儘管我和父親在意見上總有些許的爭執，父親卻從不擔心我無法成為一名好農夫，畢竟從小便跟著他一起學習，再怎麼差，也能有模有樣地經營好一塊田。一開始，我隨著父親的腳步實行慣行農法，收成穩定，父親也還算滿意，但我卻覺得哪裡不太對勁，困惑與迷惘在心頭醞讓。尤其每每噴灑農藥後，這份疑問便越發擴大，直至我無法忽略。

起因是噴灑農藥後的副作用。

每次噴過農藥後，總覺得身體特別疲憊，除了不斷打呵欠，身體也沒什麼力量。平常元氣滿滿的我在噴完農藥後精神特別不濟，甚至皮膚會如同過敏一般，長出一顆又一顆的小疹子，皮膚底層傳來陣陣癢意，像是有幾萬隻螞蟻在底下鑽過，讓人忍不住要用力抓一抓，但若真動手了，又容易因為破皮而流出膿一樣的液體。

身體的異狀讓我十分困擾，如果可以，我真不想再使用農藥了！這個念頭使我想起退伍後在左營孔子廟看過的一份季刊。裡面介紹了ＭＯＡ

農藥真的是「藥」嗎？我認為它是毒，
但若真是毒，為什麼大家不願意放棄使用？

自然農法。還記得剛看到這份季刊時，我十分嚮往，因為如果書中記載的內容真是可行的，那不就代表我可以不再使用農藥？如果在耕種的時候都能不用農藥有多好！

這樣的想法在心中生根後便再也停不下來，當時的驚喜與神往再次自內心深處不斷升起。我開始思考，種有機利己又利他，如果我開始施行有機，一方面我的身體不會再被農藥影響，二方面消費者也能吃到健康又好吃的食物，何樂而不為？

如果可以，我不想再使用農藥了，我想實行有機耕種。

當然，從未實行有機耕種讓我的內心忐忑不安，不曉得該怎麼進行比較好，也不曉得在這個全都以慣行農法為主的農村，種植有機作物是否可行？於是我開始多方蒐集資料。

我先在村莊找一些年歲已高的老人家，詢問他們以前種田時是不是沒有使用農藥？藉此印證沒有農藥進行耕種是不是可行。

「阿伯，你們以前在種釋迦的時候會使用農藥嗎？」

「以前喔？以前哪裡需要，那時候不用農藥也可以，不像現在這麼多蟲害。」

有些老人家悠悠地回想，刻劃了一個無農藥的純樸生活。這讓我想起了童年，當時農藥還沒有像現在一樣被全面的使用，每當放牛時，都能在野外看見一大群綠繡眼凌空而過，現在汙染多了，別說綠繡眼，連烏鴉都很少見了。

然而村裡頭大部分的人雖經歷過那樣質樸的生活，卻也認為使用農藥才能更有效進行耕種，甚至這樣勸我：「如果你不想噴農藥是因為不會，那也沒關係啊，請人噴就好了，不要因此就不使用農藥啊。」

也曾有人說過：「有機？一般人哪有錢做這種事！你是因為你爸賺很多錢，才能想這些有的沒的！」

農村人總有一股拚到底的傻勁，就算眼前有這麼多的實例證明了農藥的危害，依舊義無反顧。家中一位小舅舅因為農藥中毒而過世，母親也曾有過吸入過量農藥，導致回家後口水直流的經驗。即使是這樣，農藥仍是沒有被拒絕使用，甚至大受推廣。

當時的我十分孤獨，除了妻子之外，身邊沒有人懂得我的理想，也沒有人會在背後支持我。在理想與現實激烈衝突的當下，我只能咬牙默默努力，期盼有天能做出成績。

在女兒出生的那年，我終於拋下所有掙扎，下定決心不再實行慣行農法，要改以有機方法耕種！我先以其中一塊田區實行有機耕種，並在妻子的建議下報名了社區大學教有機種植的課程，授課老師是一位實務與學理知識都很充足的人，在那裡啟蒙了我以有機模式進行農耕的知識。每次上完課，我總是很興奮，一次回老家忍不住跟父母分享我的學習。

「老師真的講得很深入，我現在已經大概知道為什麼要種有機、要怎麼種有機了。」我拿著碗，夾起一大口菠菜便往嘴巴塞，眉飛色舞地說著。學習的過程十分充實，我感覺自己好像正朝理想生活不斷邁進，不再實施慣行農法的未來似乎近在眼前。

「哼，有什麼好高興的！難道我這個老農夫比不上那些教授說的話嗎？」父親的臉色剎那沉了下來，像是凝聚著濃黑的風暴。他用力將筷子放到桌上，「碰！」重重的一聲就像一顆大石落入心裡，我尚且掛著微笑的嘴角僵在臉上，一時間不知怎麼反應。

飯桌上靜悄悄的，無人回應。妹妹加快了吃飯的速度，妻子抿著嘴，看了看父親的表情又低下頭，母親則乾笑兩聲，夾了一塊醬燒豆腐往父親碗上放。

「來，吃飯吃飯，別聊這些了。」

「哼。」父親扒了兩口飯，像是猶有不滿，又放下了碗。

「我一身功夫要給你，想讓你穩穩賺錢，結果你不做，就要做這種看來不會賺錢的，我看你根本是想把我氣死！你看全村莊誰沒噴農藥？就只

儘管有自己想堅持的事，仍要聽父母的話，
在衝突中找到平衡。

有你，整天異想天開！」

回頭想來，當時父親的語調除了生氣，更是飽含了對我的擔心。但那時的我完全不能理解，也不懂，為什麼父親要這麼用力否定我的理想，我的價值？

附近普濟宮的乩童看我一副垂頭喪氣的樣子，倒是一臉老神在在，拿著一把瓜子嗑得歡快。

「沒人理解你是正常的啦。」

「阿舅，你怎麼這麼說！我真的很煩惱耶！」

對我來說，這位宮廟中的乩童是村莊中的一位智者，學過許多經文，講的話也很有道理，所以當他說出這種如同不認可的語言時，對我的傷害實在不亞於被父親大吼。他沒有安慰我，反而舉起一隻手指搖了搖。

「你要曉得，你年輕，又沒有錢，更別談一點名氣都沒有，像你這樣什麼經驗都沒有的年輕人，張嘴就是要種有機，大家當然覺得你異想天開。我們農村的人啊，只看成果。你要做有機，就安靜地做、慢慢做，不要去外面講這個有多好，沒人信的。」

我詫異地看著他，這是我從未想過的思路，卻也不得不認同這番話。我現在的行為如同一名尚未學走便想著跑的孩子，過於不切實際也無法使人認可。

「但是，為什麼連我爸都不願意認同我？我明明這麼認真……。」

「阿朗。」阿舅沉沉地喊了我一聲。

「就算你阿爸沒有支持你、沒有贊成你，你也不要忤逆他啊，在堅持自己理想的同時，要記得更聽他的話喔。」

我不懂他為什麼會這樣說，阿舅卻不願意再多解釋。後來的好幾年，我怎麼想都沒辦法理解阿舅的話，為什麼在被否定的同時還要更聽話呢？因為他是我父親嗎？還是因為生為子女，就是不該忤逆、反抗？我不懂，卻也無法放下，疑問如同揉雜成一團的毛線，既找不著線頭，也理不清脈絡，只能任由這些紊亂的思緒堆著，沉悶而無解。

我從不想和父親有這麼多爭執。誰不希望一家和樂？誰又不想被肯定？尤其每次我們產生爭吵時，家人夾在中間左右為難的表情更是讓我無奈。我不想的，我也不想這樣的，可我又能如何？難道就這麼放棄理想，渾渾噩噩地繼續跟農藥為伍？

不，我不願意。

「爸，我決定再來要全面進行有機耕種了。」

一次返家吃飽飯後，我深吸了一口氣，然後朝父親堅定地開口。我明白父親的氣憤，卻也想讓他看見我的決心，我抿著嘴，移開椅子便在他面前跪下，父親黝黑的臉氣得漲紅，他粗啞地喘著氣，沉默在家中散開。原本玩著的兒女發覺氣氛不對，抱著皮球朝妻子靠了過去。

「我說過了！種有機到底有什麼前途？種田本就是個看天吃飯的行業，好不容易有這麼多技術可以用，你偏不要！你到底有什麼毛病！」

父親的怒吼在小小的飯廳響起，我看見妻子擔憂的眼神、停止收拾碗盤的母親，也聽見因為父親暴怒的吼聲而開始啜泣的孩子們的哭聲。那瞬間，腦袋開始突突地疼了起來，理智告訴我這時最好不要繼續頂撞，情感卻吶喊著我不想放棄，整個人像是被割裂成了兩半。

「爸，你別擋我，這是我最想做的事情，我就是想堅持有機這條路，什麼人都阻擋不了！」

「別擋你？你是要我眼睜睜看你走向失敗！」

「怎麼會失敗？這是一條可行、必行的路，何況阿公那個年代沒使用農藥不也種得好好的，怎麼到我就不行了？」

父親的反對源自於他對我的擔心，
尤其當我執意走出自己的路時，他更難以放心。

「你別拿阿公來壓我！」父親用力捶了一下桌子，眼神凌厲。

「爸，拜託你，你別擋我，別擋我。」

我低下了頭，堅決地重複著，聲音卻軟了下來，我不求父親認同，只希望他不要阻止我。

「好！既然我擋不住你，你要怎麼樣隨便你！」父親擋不住我的決心，嘴裡說著隨便我，卻站起來朝房間走去，一副不想看到我的樣子。我得到了同意，心依舊沉重，舌根像是吃了黃連一樣，苦澀異常。我的理想在父親眼中是一種忤逆，而我不知所措，只能埋頭苦幹，任由鬱悶成了壓力，沉甸甸地積在心上。

令人哭笑不得的是，即使答應了不攔我，但為了「證明」我是錯的，父親決定在我附近的田區，使用慣行農法種植，打算直接給我看成果。母親說，他是為了做給我看，希望我能放棄種植有機，才這麼拚命的。

無奈之餘，我竟在父親的行為中感受到了他的關心，父親的反對不只是因為他不懂有機農業，更是因為擔心我耗費大量心力，卻一點錢也沒賺到，否則他不需要大費周章示範給我看。

父親購入大量的肥料埋進竹園中，當然農藥也是少不了的。他或許是想著這樣的精心照顧就能夠種出品質好的農產品，但這幾年的經驗與學習告訴我，這樣不太對，大量的施肥不一定就能造就好產品。後來的結果，證明了我的猜測是對的。竹園中的竹筍剛長出來的時候都很大，看來飽滿而圓潤，但因為肥份太高，等竹筍長好了，竟都縮水，賣相極為不好。

「爸，這就是肥傷，你肥料施太多啦。」我拿著竹筍打量，平靜地對父親說。我不是為了指責他，只是單就現況去推估，但父親反而臉色不豫，轉身就走。

當下我有些後悔，就算我說的事實，但我的作法就像是在挑戰他的權威一般。他一向是家中地位最高的人，尤其在我幼時，一貫是父親決定了什麼，大家就照做，哪有人會去質疑他？而我開始獨立之後，卻不斷反抗他，不斷挑戰他，當然令父親無法接受。

我不知道該怎麼緩和同父親之間的矛盾，難道堅持理想就一定不能被接受嗎？難道只能互相碰撞，直到其中一方被撞得支離破碎、無力反擊才行嗎？

在這樣苦悶找不到出口的日子裡，我被來協助進行有機認證的慈心輔導團隊介紹去學習佛法。學佛？這是我從未想過的事。我們村莊的人大都信仰道教，我甚至還在廟中幫忙打鼓。

從小被濃厚道教信仰薰陶長大的我內心十分複雜，我不牴觸佛法，卻也因為不了解而有些退卻，但看著慈心團隊堅定的眼神，我想，也許佛法蘊含什麼深刻的內涵，才會讓他們一致稱讚。

我開始到住家附近的佛法研討班一起上課，當時課程已經進行了一會兒，所以從中間開始聽的我一知半解，許多概念懵懂不知。也許很多人會因為聽不懂而放棄，不過從小便聽聞學習一項技藝至少需要「三年四個月」才能出師的道理，讓我覺得若學習不夠久就斷言在這裡什麼都學不到，也太過莽撞。因此我為自己訂下一個學習的時間，決定至少要堅持學習三年，再來思考是否繼續學習。

沒想到訂下的三年光陰過了，我卻沒有走，反而一路學到現在。

起因是聽到了一個觀念：「初一若錯，乃至十五。」這句話是解釋學習一開始的方向錯了，到後來會越錯越多，但不知怎地，我竟聯想到正在進行的有機農業。走的方向是錯的，會越錯越多，那如果走的方向是對的呢？是不是有可能就成了「初一若對，乃至十五？」

這份對錯，需要光陰來證實，也許有一天，時間會證明有機的方向是對的，而這份成果會讓村莊——乃至父親，終於看懂我的理想。我來學佛是因為不理解，卻因此讓我對從事有機農業產生更大的信心，焦慮與煎熬漸漸褪去，取代的是更加堅定的信念。我的內心終於安定了下來。

除了增強了信念，更重要的是，在學習的過程中，我更學到要念

我和父親的矛盾之處從來就不是他不同意我，
而是我沒看到他的背景，沒看見他背後的心意。

恩——念父母恩德的重要。若沒有他們，又怎會有今日的我？而我一味堅持己見，強硬地與父親碰撞，不只是不孝順，更是讓我們之間的關係產生了裂痕。

我開始重新去思考對父親的看法。父親之所以排斥有機農業，是因為他生長的時代背景多為慣行農法，當時有機觀念並未盛行，再加上父親一直是個腳踏實地的人，他討厭看似投機的做法，寧願一步一腳印循著既有的步伐，逐步踏實。而且正因為從小有父母的教導，我才能學習一切有關農業的知識與功夫，有成為農夫的底蘊。他更教導我要尊重天地，讓我愛惜土地，親近自然。這些點點滴滴，讓我決定成為農夫，也才會學習有機知識，找到一輩子想堅持的志業。

一直以來我沉浸在不被認同的想法，掙扎著不知如何是好，直到轉個念頭，我才驚覺我和父親的矛盾之處從來就不是他不同意我，而是我沒看到他的背景，沒看見他背後的心意。父親與我從不是對立的存在，他只是用自己的方式，關心著我。

學佛之後，我開始努力改變回應父親的態度，學著收斂自己遇事則燃的個性，盡量不要直接頂撞父親，然而，運行已久的互動模式又怎麼可能那麼容易改變？總有幾次我會忍不住地發脾氣，讓自己和父親陷入難堪的處境。

尤其當時的我雖然對於有機耕種的方法已經漸漸上手，但實際上卻沒賺到什麼錢，內心極為焦慮，更是難以收斂自己。父親也十分煩躁，因為村莊中大概無人不知我在進行有機耕種，因此他們看到父親時，會調侃似地呼喊他一聲「有機之父」，這讓父親又氣又急，也讓我們兩人的關係越發緊繃。

有一年我為了種植老薑所以把田地翻新，當時父親在一旁看著，眉毛卻慢慢皺起，黝黑而微微帶斑的手指焦躁地在腳側打起節奏。看著他的表情與動作，我知道父親正處於極為不滿的狀態，我不想直接觸怒父親，只好裝作若無其事的樣子，繼續動作。

表面的平靜沒有維持多久，父親終於忍不住對我大吼：「你這塊田都沒除草！旁邊那棵樹也沒鋸掉，任由它長到這麼高！」

「爸，草沒有除乾淨是因為將雜草連根拔起很容易傷害到薑的根，而且現在是夏天，太陽這麼熱，留著樹可以遮蔭啊，老薑也比較不會受傷！」

「我聽你在吹牛！草不除樹不鋸，只是留著搶薑的養分！」

「吹牛」這兩個字是父親最常用來形容我的字眼，在他眼中，我的想法既異想天開，又不切實際，只會用口頭闡述理想，卻從沒有半點成果。

父親暴怒的吼聲在我們之間盤旋，讓我也十分壓抑。我很想轉頭就走，或是乾脆對著父親大發脾氣，讓他別再管我，但我只是用力深呼吸，讓冰冷的空氣灌滿肺部，然後軟下了聲音。

「你讓我想想好嗎？」

我沒有直接拒絕父親，但也不打算就這麼妥協，只能先放低姿態。不高的音量讓父親也跟著沉默下來，然後他轉身離去，沒再催促我。我看著滿目褐黃的土地，蹲了下來。這就像是一場考驗，如果不順著父親的心，那只是重複上演和父親爭執的戲碼，但樹也是不能鋸的。該怎麼辦？

那段時間，我很常就這麼坐在田裡，望著晴空發呆，思索著解決問題的辦法，沒想到盯著盯著，竟真的讓我思索出一個折衷的方式。

我拿起鋸子，將較高處的枝椏鋸掉，但也沒有全部鋸斷，只是將原來參天的大樹鋸得短一些，原來蔽天的樹蔭被修掉了，看著有些淒涼。但這樣既達成了父親讓我把樹鋸斷的要求，也沒有違背我原先的目標，因為只

我的理想與父親的期待像是兩顆彗星相撞，
如果可以，我不想這般碰撞，更想在同一軌道上發光。

要再等一段時間，樹就能長回來。

這方法是有些取巧，卻也是無奈之舉。

我不曉得父親看著我這樣不倫不類的鋸樹有什麼感想，但當時的他只是默默地盯著我，既沒有要我多鋸一些，也沒有肯定我的作為。

安靜的氣氛倒讓我反省起來，不知從何時開始，我和父親之間好像不是互相怒吼，便是沉默如此。妹妹以前曾說我是父親心頭的「糖霜丸」，怎麼長大了，反而成了一味苦藥，總讓他又氣又急？

「回家吃飯吧。」

父親的聲音打斷了我的思考，他的臉孔閃過一絲的不自在，像是不習慣這般溫和地呼喊。看著他的表情，我知道，鋸樹這件事就這樣輕巧地翻篇了。

「好。」我忍不住揚起嘴角，追上他的腳步。

我雖然解決了同父親之間的爭執，卻解決不了老天不賞臉。那年有一個很大的颱風登陸，狂風呼嘯著撞擊窗戶，驟雨下在屋頂，發出驚人的聲響，整片天空看來陰惻惻的，貌似十分不善。當時我在屋內看著氣象預報，只覺得心中發冷。

「慘了，薑最怕就是泡水……。」

我忍不住呢喃出聲，心緒卻早已飄到田地。我想像著大水淹過泥土，泡過老薑，帶來腐敗。沒想到努力這麼久，得到的還是失敗，這讓我異常挫折。我踉蹌地走回房間，倒頭就睡，試圖在睡夢中消除煩惱。

心有憂愁，又怎能睡得安穩？輾轉反側許久，終究在天未亮的時候就醒來。來去匆匆的颱風這時早已遠離，留下濕潤的空氣與仍舊陰沉的天空。我帶上雨具，朝田區走去。

情況沒有我想得那麼糟糕。

或許是因為我留下那棵樹的原因，在土地過於潮濕的時候，樹木會加速蒸散作用，而它的樹蔭則讓地溫不至於快速升高。薑最怕就是高溫高濕，遇到這樣的狀況容易產生病害，但因為這棵曾被鋸掉少許枝幹的樹木，讓颱風過境的田地仍能掙扎著生存，也讓我不至於全無收成，甚至還有三到四成的老薑完好無缺。

這意外的收穫增加了我的信心。我想著要加緊腳步，好好發揮一下。因此第二年，我把另外一區的竹子挖掉，想利用這片土地來種薑。沒想到，又引起父親強烈的反彈。

「這塊地不適合種薑！這麼多年你還不知道嗎？」父親看著我整地的模樣，混合著難以置信與憤怒的聲線開始上揚。

「爸，我知道自己在做什麼，你就不能放手讓我做嗎？」

「放手？我放手的結果就是看你毀掉這區田！」

「你為什麼就是不能信任我？」

「哼，那你就要拿出相對應的表現！不要老是做一些不該做的！」

原本我還能壓抑怒火，但隨著對話的開展，怒氣也隨之上揚。為什麼我明明做得這麼順利，你還要來干涉？我明明已經長大了，難道不能多信任我一些嗎？

我與父親激烈地大吵了一架，情緒激動的我們用言語互相攻訐，我倆的怒吼聲在田區中迴盪。那天中午，我沒有回去吃飯，只是站在田中央不斷後悔，為什麼自己還是克制不了脾氣，鬧得不歡而散的結局？

夕陽漸漸落下，橘黃的光線暈開了地平線的輪廓，我眺望遠方，總覺得眼眶在陽光溫熱的照拂下變得灼熱。我沒有流淚，但心臟卻因難受而緊縮，讓我疼得幾乎想蜷起身子。

後來父親不再管我，隨我用自己喜歡的方式耕種。奇怪的是，那年的薑幾乎都沒有收成。我看著幾乎沒有收成的田區，吞下驕傲與執著帶來的苦果。

追溯原因，並不是我沒有好好照料作物，主因是第一年的成功讓我的心變得驕傲，隨之而來的是對父親的不敬，於是我聽不進父親的勸告。我

天是父親，地是母親，
孝順能感動天，不孝是很可憐的。

種植的這塊土地並不平整，因此只要颱風一來，大雨一下，不平的地會開始蓄積雨水，接著泡水的薑便會腐爛。

莫名的，我想起以前阿舅跟我說的：「要更聽你阿爸的話喔。」

農耕上，我的驕傲讓我犯錯；和父親的關係中，我的自以為是讓我們原本漸趨和緩的互動再次緊繃。我只想到父親總對我指手畫腳，認為他囉嗦，卻沒有想到父親建議背後的深意，用自己淺薄的見識，認為父親說的通通是錯的。而我學佛已久，竟連最基本的念恩都遺忘。

村莊的老人家們閒聊時曾說過：「天是父親，地是母親，孝順能感動天，不孝是很可憐的。」

童年聽見他們這樣說的時候，我是不明白的。孝順能感動天的故事很常聽，但不孝為什麼可憐呢？直到這次，我才有所體悟。

不管父親說的話我是否認同，我都應該看到他背後關懷我的心意，不應該只是覺得他就是來這邊囉嗦地對我指指點點，認為父親只是想否定我、指責我。這般不敬的心，只會讓自己被情緒役使，從而讓一切走向更糟的境地。

身為一個農夫，天與地一直是我景仰的存在，廣闊無垠的天際帶來陽光與雨水，滋養萬物；溫暖無邊的土壤敞開胸懷，長養一切有情。我的父母也像是天與地，撐起我的一片天，讓我能自由地奔跑、成長。我卻對我的天、我的父親，這般不敬，我怎能這樣呢？因為體認到這點，我才能更清楚地體會為何要「聽阿爸的話」。

這成了一次警惕，讓我在之後的生活，再三檢視自己的言行。

我深切反省後，下定決心，不管未來父親怎麼指正我，我都不能再大發脾氣。然而，父親卻幾乎再也沒有指導過我，本以為是因為上次的衝突使他耿耿於懷，但和他的互動卻又不像是因為賭氣而不理我。

這讓我忍不住觀察起父親。

一向精力旺盛的父親逐漸沉默，臉上的皺紋加深，家裡的藥袋也變多了，而他到田裡走動的時間相對少了，我突然驚覺一個事實——父親老了。他不再是小時候需要仰望的長輩，不再是那個一手就可以把我抱起的大人，他的步伐漸趨緩慢，身體更變得虛弱。

唯一不變的，只有對田地的熱切與關心。

「阿朗啊，那片竹園該去噴農藥啦！」

父親依舊堅持要使用農藥，然而年邁的他要在竹林裡穿梭，從土壤一直噴灑至竹子的制高點是十分辛苦的一件事。我對有機的堅持告訴我不該因父親的話語就去噴農藥，但我對父親的關心卻呼喊著要我體諒。

內心劇烈衝突下，我選擇妥協。

「爸，我就幫你這一次，不過如果我這次幫你噴農藥，你能不能去學佛，就當散心，去走走看看好嗎？」

比起噴農藥，我想我更擔心因為身體不適而日漸減少到外面活動的父親。他不再去巡田；減少與鄰居的互動，只守著電視，寂寞而孤單。

我一直將人的一生想像成一顆漸漸成長的果實，小時候是青色的，帶著酸澀的口感，隨著時間的沉澱與陽光的照耀，漸漸開始濃縮出甜味，直到年紀大了，果實也隨之成熟，開始泛著甜蜜而濃郁的芬芳。如果能這般沉澱出甜味，那麼年紀大的時候應該是很快樂的吧！

然而我的想像與現實的情況卻是大相逕庭，事實上有許多人年紀大了以後，反而日益沉默、孤獨，因為身體的病痛而讓這顆甜美的果實染上腐敗的味道。我猜測是因為沒有學習，所以生命不再有目標，才任由生命這顆美麗的果實任意凋零委地。

我知道學習佛法不該是因為條件交易，而是要發自內心，但我多麼希父親撐起一片天，讓我翱翔；
母親孕育我長大，使我能築夢踏實。

望能藉由這次的機會讓父親跨出去，至少他將打破原來的孤寂，重新與人群接軌，這也可能成為一次的機運，讓父親與佛法產生緣分。

父親沒有直接答應我，卻也沒有拒絕，臉色看著十分猶豫。我沒有繼續追問，笑了笑便去準備。

妻子一開始聽見我要去幫父親噴農藥不太諒解：「啊？爸讓你去灑農藥你就去，這樣好嗎？你種有機不就是為了不要再接觸農藥嗎？」

「我總不能讓爸去吧。」我微微嘆息，卻不覺得後悔。

「妳想，我比較年輕，抵抗力也比他好，而且至少我對安全措施的要求，一定會比較高啊！」

我想噴農藥嗎？不想的，但若噴一次農藥，能換來父親的快樂與放心，應該是很值得的吧！

後來我和妹妹一同完成了這件事，果不其然，農藥的副作用立刻在身體顯現，即使做了完整的防護措施，依舊無法阻擋毒霧入侵。

「爸，我噴完農藥了，下次真的不幫忙啦！不然身體真的癢得受不了。」我溫言地朝父親說道，語氣頗有撒嬌的意味。這段話其實也是一種警示，希望能讓父親第一次正視農藥的危害。

或許身為父親終究捨不得孩子，他無法承認農藥不好，但卻也不希望看我為了幫他噴農藥而落得身子發癢，所以後來，他再沒有讓我、或是讓別人來噴過農藥。

雖然父親後來仍是沒有去學佛法，但我會繼續努力，希望有一天，能同父親一起學習。

在堅持有機的這條路上，我之所以能夠安定身心，有很大的原因都是由於學習後增加了不同的思考角度，驗證了我的想法。也因為有所依歸，我才能更堅定地努力。我想讓父親也感受這份力量，讓他老了也有所依、有所靠。

生命是相續的，一輩子接著一輩子，這輩子的努力與學習，都將成為下輩子的基礎。我希望父親能為下一生打造更好的地基，我想他快樂。

儘管讓父親學習的願望尚未達成，但在不斷陪伴他的過程，我卻也看到了父親的轉變。他開始在早晨到田地散步，離開禁錮自己的屋子，在沒有農藥的土地大口呼吸著新鮮的空氣，看著朝露從葉子滑落，然後在土壤破碎，純淨的環境讓父親的臉上再度拾回笑容。恬淡的田園生活讓他漸漸放下憂慮，不再擔心沒有農藥的土地是否無法有收成。

當然，感受到無農藥的環境有什麼好處是一回事，但真正追溯父親為何會釋懷，大概跟我終於在有機的市場站穩腳步有關。父親一直擔心我種植有機作物會導致三餐不繼，毫無所獲——當然，前期艱辛的摸索過程更是讓他放不下心。所以當我的事業走上正軌，他才終於安下那顆擔憂我的心，放手讓我飛翔。

當時父親販賣作物的市場剛好換了一位新的經理，那位經理希望讓傳統市場能看來更整潔、乾淨，而且讓攤商都能在室內販賣，也比較不用擔心日曬雨淋。因此他招集了開貨車到市場販賣的攤商，詢問他們要不要改在固定的攤位上經營。

「我就在原來的發財車賣就好，我不想移動，但既然有這個機會，你可以評估看看要不要去租個攤位？」

對許多攤商而言，移到室內對習慣原有地點的他們並沒有什麼利益，畢竟需要承受改換地點而流失客人的風險，加上移入室內需要繳交的清潔費又比經營一台貨車高很多，因此大多人都不願意。甚至許多攤商抗議，認為移過去便是走向死區，讓原有的活水成為爛泥。

我卻覺得是個好機會。

不知道大家是不是同我一樣，在田區中玩過泥巴？童年的記憶中，濕泥巴如同一個下陷的黑洞，剛踩進去時，被爛泥包裹著，彷彿難以逃出。但若持續在上踩踏，泥巴會漸漸緊實，水分終會溢出。

我對於這次承租攤位便是抱持這樣的想法，即使一開始看來是爛泥，

身為一位父親，他或許只是想看到我能好好的生活，
只要這樣，他就安心了。

是死區，只要奮力踩踏，終將帶來活水。而且許多人想到有機農產品，都認為要去有機市集抑或是店面才能買到，若能讓消費者在傳統市場也能買到有機商品，不是很棒嗎！

於是我開始承租攤位進行銷售，第一年因為客群不穩定，因此過得很艱辛，有時還會因為我在傳統市場經營，被誤會我放棄種植有機農產品，然而隨著一年一年的努力，營業額終於慢慢穩定下來，甚至還有一些媒體特地來採訪我。

也許是因為這樣，父親漸漸不再因為我堅持有機耕種而憤怒，不再看到我便是怒氣沖沖，我們不再總是不歡而散。

有一次家中來了客人，在我們用完餐後，大家便到客廳閒聊。父親沖泡了一壺高山茶，母親則端來一盤蘋果，清淡甜美的茶香在空氣中湧動，讓氣氛顯得格外恬淡。

「我在報紙上看到你兒子種有機的事情耶。」一位叔叔叉起一塊蘋

果，大口咬下，清脆的聲音讓人忍不住想像其中隱含的甜。他將話題轉到我身上，剎那間，幾乎所有人都看向父親，氣氛有瞬間凝滯。

父親倒是沒有說什麼，只是拿起紅褐色的茶杯，又呷了一口茶。

「哎呀，有報導很好啊。」母親笑了一聲，然後用手臂輕輕推了父親一下。

「你看看你，大家都在稱讚你兒子，怎麼就你總悶不吭聲的！阿朗沒有什麼特別不好的習慣，不抽菸也不賭博，只是種有機比較賺不到錢而已，你這個做爸爸的怎麼就不稱讚他一下？」

「就算全村莊都在稱讚我兒子，我也不能。」父親語氣平靜，不像是因為不認同我而說，我不覺得父親是看不起我，只是覺得很奇怪，為什麼父親會這樣說？為什麼他會說自己不能稱讚兒子？

後來細細思量，我想起來在學習佛法時聽過的一段話：「如果你有一個機會能找到一個可以確實磨你的人，那你要對對方產生很大的感恩之心。」父親就是那個人，他從不給我稱讚，是一種對我的磨練，更是因為他怕我因此驕傲，反而失了本心。

他有時會這樣對我說：「你要看土面，不要去看人面。」不斷提醒我，身為一個農夫該用心看待自己的土地，好好地盡自己的本分、提升專業，不要只想攀附關係，誰給了利益，就趨炎附勢。

父親不認同我的有機理念嗎？我想不是這樣的，他只是扮演著最不討喜的角色，不斷對我當頭棒喝，要我更小心，更謹慎。

回首踏上有機耕種的這條道路，我的心境有著極為劇烈的變化，一切始於嚮往，然後伴隨不斷試錯與被質疑的陣痛，甜美的喜悅終於到來。我可以肯定有機這條路，我越種越幸福。

原來我只是急於擺脫農藥的影響，但在實作與理論知識增長後，我重新回顧，心中的渴望卻不只是如此。《三字經》說：「地所生，有草木。此植物，遍水陸。」一片大地，長養多少物種，而一個灑農藥的動作，看似簡單，卻危害了多少生物？種植有機後，我才明白，這句話談論的，不只是自然的重要，更是深刻表達萬物相生的道理。

「天是父親，地是母親。」父親與母親，是我的天與地，我立根的所在，更是我的起點。面對大地，我們的萬物之母，若不節制地向她不斷噴灑農藥，不知會傷害多少有情？我們怎能忍心？又怎麼能這般對待自己的母親？更甚者，我們也傷害了自己而不自知。

我很高興我能走上種植有機的道路。

太陽漸漸西沉，原先熾熱的陽光成了溫暖而適宜的溫度，清風拂來，老薑翠綠的葉子迎風擺盪，發出細微的聲響。我直起彎了一整天的腰，感

「天是父親，地是母親。」
父親與母親，是我的天與地，我立根的所在，更是我的起點。

覺脊椎喀啦喀啦地響，像是抗議此前我都沒有伸展。

捶著酸澀的腰，我走上馬路。沾染在鞋底的泥土順勢掉落至被陽光染上光暈的柏油路上，然後我停下腳步，再度彎下腰，捧起它們。許是一整天的日照，讓捧在手中的土壤也傳來溫熱的暖意，土壤應該是不重的，但放於手心，卻讓人覺得沉甸甸的。我走回田區，放手，看著土壤回歸大地，繼續滋養作物。

然後我迎向陽光，朝家裡走去。

銘記快樂，讓光陰見證美麗

母親是一位舵手，
將我不停擺渡到更好的自己。

陳美麗（文／簡儀瑄）

這一生在成長的道路上，我有許多老師，他們提攜我、教導我，讓我成為現在的自己。若細細思量，這之中母親是最初也是影響我最深的老師，因為有她，才塑造了今日的我，刺激我朝更好的方向邁進。

但孩提時的自己不懂事，總是與家裡嘔氣，只因母親絕大多數的家事都指定我來完成，這令我心氣不平。我不理解家中這麼多孩子，怎麼只有我負擔最重？承擔最多？加上因為家貧，總受人看不起，更是讓我原先就脆弱的心靈添上不少傷口。

記得當時如果踩過鄰居家的門檻，他們下一刻就會拿掃把出來，將我們踩過的地方清掃一次，甚至還會沖水，他們說，怕被我們家帶衰，會跟著倒楣，這樣做才能避免留下霉氣。種種的事件讓我看待自己所處的環境時容易負面思考、自怨自艾。

長大後回想，才驚覺即使家裡面對這麼多困難，母親卻從不抱怨，那傲然面對現實社會磨難的姿態，是多麼值得我學習。

這麼多年了，母親都是那樣的，她對待子女十分嚴格，是因為想讓我們堅強面對生命；她對我們的課業與言行標準之高，反映了她深深的期許與用心。更因為她認為我足夠細心也能夠承擔事項，所以對我要求甚多。但當時的我陷在自己不平的情緒中，無法體會。

從小我就是個鬼靈精，大家總讚我聰明又能幹，在母親眼裡，我應該也是個能被交付任務的孩子，因此她總對我格外要求，這激起我的逆反心理，不願讓母親順心。

當時為了反抗家裡，小學一年級，我便在村莊內組織了一個「幫派」。然而以幫派為名的聚會，卻都在學習，我們有時互相檢查功課，有

也許，母親的要求反映了她的期許，
只是我們都要等到年紀大了才能夠體會。

時互相說說心頭的勵志故事。與其說是幫派，還不如說是村莊讀書會。但這舉動嚇壞了母親，她不懂我不過是一個小蘿蔔頭，怎麼這麼有號召力？拉幫結派的也有六十餘人參加，甚至網羅小學的六個年級。

成立讀書會，卻不是因為我愛讀書，只是盤算著能以教他們寫功課的名義，與讀書會的成員們拉近關係，這樣若是有天離家出走了，便有許多能留宿的地方可以去。為了能在讀書會保有領頭的位置，讓以後不論發生什麼事都有退路，我努力讓成績名列前茅。

沒想到我將讀書會視為避難所，實際上卻成了我離家出走的引子。

那是個蟬聲轟鳴的夏末，下了課，我將滿頭的大汗擦掉，背起書包便急匆匆地要跑回家。越過學校大門之際，有兩個熟悉的身影正你一言我一語地爭執，定睛一看，竟是讀書會裡的成員。畢竟是讀書會的召集人，我立刻義不容辭當了他們的和事佬，好不容易解決了紛爭，時間已經有些晚了。我拔腿狂衝，卻在即將邁入家門前止住了步伐。

母親手上端著飯菜，臉色陰沉。我猶豫地盯著她的手。從碗盤的樣式來判別，那畫著藍色小花的瓷碗的確是屬於我的碗。

「妳去哪裡玩了？」母親冷冷地問道，像是威嚴的法官坐在法庭上，俯視渺小而膽怯的我。

我看了看母親的臉色，吶吶地回應：「同學吵架，我幫忙勸架。」

「藉口！六點開飯，妳卻遲到將近三分鐘。有種遲到，就要有不吃飯的打算！」

母親大聲宣判我的罪，接著像是要執行懲罰一般，大步走向廚餘桶，拿著碗朝桶子一倒，「撲通」一聲，我的晚飯在廚餘桶裡載沉載浮。

「養妳不如養一頭豬！不好好教妳，我看妳是要造反！」母親說完轉頭就走，留下難堪地愣在原地的我。望著母親走遠的背影，我鼻頭一酸。

「我的飯菜！」我看著飯菜尚未沉入餿桶底的模樣，滿腹的委屈讓眼淚湧了上來，不爭氣的淚水撲簌簌地直流。

幾個念頭在腦海不斷閃過：「什麼動物不比，偏偏比成豬。」、「為什麼我在努力助人，妳還要這樣對我？」、「我到底是不是妳親生的孩子啊！」

從四歲開始，我清晨就和母親去她幫傭的地方，陪著她洗衣服，或是跟著去工廠洗碗。為了幫忙，我也沒去上幼稚園。還沒上小學就幫忙做飯、餵雞、賣雞蛋，不只做家事，也照顧家人。這樣的努力又換來什麼呢？我只看到母親對其他兄弟姐妹的關懷、要求我課業必須得滿分……種種待遇讓我難過、不平。

於是我下定決心要離家出走。

孩子氣的我決定把能還給父母的事物全還給他們。我把母親特地買給我的衣服全都洗好，拿張紙條歪斜地寫道：「妳的衣服我洗好了，全還妳，用過的肥皂等我長大再拿來還。」

我穿上美軍顧問團捐贈的舊衣服，拿著書包將課本丟進去，在太陽西斜的傍晚，踩著昏黃的陽光朝外頭走去。我該去哪呢？走得不夠遠，馬上就被找到了，太遠我也沒辦法到達。最後我決定越區，從五股跑到泰山的警察局尋求協助。我想警察是人民褓姆，在那總會有地方可以睡，只要度過一晚，再來想未來該怎麼辦就好。

我拖著又渴又累的身體不斷奔跑，走了又停，停了又走，背都濕透了，漸漸暗下來的天讓我的心越發著急。

那個年代的路燈不多，天色暗了，除了漫天星辰，便只有大片的黑暗包圍在旁。我又急又怕，有些想哭，卻又不敢。沿路向路人詢問派出所的位置，才終於到達目的地。

「妳叫什麼名字？」警察訝異地問我是誰？來自何處？我都搖搖頭不願意透露，也不敢隨便回應，就怕被他們發現蛛絲馬跡，然後通知我的父母。什麼都問不出來的警察只能無奈地讓我留宿在派出所中。

達成目的的我窩在椅子上，不知不覺就進入了夢鄉。夢中有許多光影

父母撫育我至今，我卻鮮少體諒，
還讓他們如此煩憂……，我怎能這樣？

快速挪動，讓我睡得極不安穩，所有夢境的片段在聽見大吼聲後碎成碎片。我猛地驚醒，在看見父母身影的那刻又快速閉上眼，只留一絲縫隙想要偷看他們。

老實的父親與母親低著頭，雙手在身前交握，不安地挪動，隨著警察的大聲訓斥頻頻彎下腰。警察站在他們身前，插著腰，臉色不悅。

「你們會不會教孩子！」

「教到小孩離家出走，你們也是很厲害啊！」

「我們沒讀什麼書，是不太會教孩子！因為她比較古靈精怪，我們很怕她變壞，才會特別嚴格教養！想說讓她忙一點，她才沒時間做怪，沒想到她會跑來這。」母親唯唯諾諾地回應警察。

我偷看著父母親低頭聽警察教訓，不停向警察道歉的模樣，眼眶頓時一熱，感覺心臟怦怦地跳著。

怎麼會？父母是怎麼找到這來的？為什麼警察要這樣罵他們？

小小的我腦袋一片混亂，一方面後悔自己這次闖了大禍，害得父母這般被警察怒罵；另一方面又怕自己被責怪，於是我緊閉雙眼，繼續裝睡。警察訓完話，便放父母過來接我。我本以為父母會叫我起床，或是給我一巴掌，對我一頓訓話後再帶我回家。但他們沒有，只是輕輕將我扶起來，讓我趴在父親背上，背著我走回家。

我緊閉雙眼，母親剛剛回警察的話語還在我心頭縈繞，此刻我心中多年的疑問終於獲得解答，原來母親是因為愛我，怕我變壞，才會如此嚴格地對我，第一次，我不再懷疑自己不是他們的孩子。

想著他們被罵的模樣，罪惡感升了上來，壓得我幾乎喘不過氣。

有肺結核的父親走路的時候帶著喘，偶爾壓抑不住，便會劇烈咳起來。我的身子隨著父親咳嗽動作而起伏，趴在父親背上，更清楚聽到他的呼吸聲，一股「咻——咻——」的喘鳴聲從父親的體內傳出，就像是被悶住的風箱，殘喘的哀鳴聲迴盪在靜謐的空間。

順著田埂小路朝家裡走去，在月光微弱的照耀下，父母走起路來磕磕絆絆。因為天色昏暗，母親更數次踏空，父親只好伸出一隻手，牽著母親，在她走不穩的時候用力扯著母親，讓她站定。這樣一個用力，父親咳得更嚴重了，我偷偷瞬眼一看，發現父親用衣袖擦了擦嘴角，上頭有鮮紅色的血漬。

這是第一次，我知道什麼叫做「不孝」。以前我總愛反抗母親，只要能讓她生氣，我就覺得為自己出口氣了；我也一直以為父親是個懦弱的人，因為他總在家休養，從不出門工作。直到現在我反抗了母親，卻沒有快感；看著父親咳出了血，明白他的病，我才體會到自己這次的出走有多不應該。

為了一碗飯，我讓父母奔波整夜，甚至害他們被警察指著罵，卑微地彎著腰道歉，我怎能這樣呢？怎麼能？父母養育我到這個年紀，我就是這樣回報他們的？

「妳看看妳，把阿麗氣得這麼狠，她明天一定不會幫妳做家事了。」父親輕輕對母親說著，母親嘆了口氣，沒有接話。

聽著他們的對話，我的眼淚忍不住在眼眶裡打轉，但我不敢哭，一方面，我告訴自己：「闖禍的人沒資格掉淚。」另一方面，我是擔心哭了，會被發現其實我並沒有睡著，會被父母認為我從剛剛就在假裝，若是因此被打、被丟在田埂中，我該怎麼辦？我好怕。

我睜著眼，讓風吹乾眼淚。愧疚感壓得我喘不過氣，看著月亮，我默默立下誓言：「我一定要想辦法減輕父母的負擔！我要讓家中不再貧窮，報答父母養育我的恩德。我要洗雪父母今晚在警局被訓斥的委屈，我要光耀門楣，讓父母因我揚眉吐氣！」

稚氣的我決定成為家中六個孩子中，唯一不用父母養的人。從明早開始，我要告別我的童年，我要去找工作，不再讓父母擔憂。這夜，我第一次失眠，思來想去便是如何達成心願。

不經一事，不長一智，
若非曾叛逆過，我又怎會知道何謂孝。

「我可以來給您當幫傭嗎？我每天來幫您做一小時的工作，也不要錢，但我希望您能教我一些做人處事的道理。」

我去找了校長夫人，低頭向她拜託。要改變，總得有契機，我需要有人教我怎麼改變。

「免錢的打掃，妳認真的嗎？」

夫人很有興趣地問我：「那妳什麼時候可以來打掃？」

「我每天上學前都會經過您家，可以先過來打掃，再去上課。」

之後，每天上學前，我都準時出現在校長家。我既是掃地又是拔草，也會幫忙洗衣服、備菜。這樣的日程，從小學二年級開始，一直持續到畢業。我想跟時間競爭，快快長大。校長與校長夫人常常教導我，讓我有許多學習。

另外，小學二年級到四年級，每天放學後，我也會去鄰居的美容院幫老闆娘帶小孩；利用中午時間幫老師們去市場買菜。透過這些取得些微的工讀費，希望能貼補家用。

在校長家幫傭的事情我不敢讓母親知道，怕她覺得我去做免錢的工作，會覺得我很傻。但在校長夫人的教導下，我真的學習良多，更培養了許多的能力。所以我小學四年級便能自己寫自傳，向企業爭取獎學金，不用擔心學費。

但這卻引起母親的不解，一個小學的孩子，怎麼總是早出晚歸？到底去哪兒玩了？直到我說不用煩惱我的學費了，母親才有些懵懂地明白了我為何總在外奔波。從小學二年級之後，到研究所畢業，我再也沒向父母拿過學費。後來母親漸漸放下對我的擔心，也不再嚴厲地對待我，我能感覺到母親的表情中帶著對我的信任。

記憶中的母親，身子一直不是太好，體弱的她既要照顧六個孩子，也要關照生病的父親，只要想到母親是用何等堅韌的心志在為家庭付出，就足以軟化我原來桀驁不馴的心。她辛勤忙碌的模樣，更是加深了我要孝順母親的決心。

因為父母忙於生活，幼時的我在家中得不到的呵護，幾乎都是在學校被補足的。老師會關心我有沒有吃飽，偷偷將便當中的荷包蛋塞給我吃；校長與校長夫人，還有導師們會教導我許多道理；更有同儕的陪伴，讓我總能笑口常開。學校得到的快樂，使我分外重視成績，或許這分重視還帶著討好母親、讓她開心的意味。

上國中之後，我找了更多的打工。紡織工廠、電子公司、茶葉包裝工廠，都留下了我的足跡。而努力的同時，我也不敢放下課業，為了能得到獎學金，我越發認真地讀書。因為擔心學費與生活費不足，緊張讓我更加拚命地生活。

記得國中有一回，我物理考了九十分，儘管已經是全班排名第五，我還是難過地哭著走回家，看著我掉淚的模樣，母親這般安慰我：「妳小學還沒畢業就在養自己了。」她沒有說我很棒，沒有直接稱讚我，用淡淡的語氣陳述著事實，看著她的表情，我知道這是她彆扭的安慰。也許是為了我的眼淚，後來母親選擇多幫一個家庭洗衣服，只為了多賺一點錢，讓我能夠去補習理化。

因為手長期泡在水裡，母親的指甲都成了灰色，手部和腳底的皮膚也有多處龜裂，那是她努力的印記。母親從不多言，卻用行動表達她的愛。看著這樣的她，我越發不敢懈怠，只能拚了命似地努力。

然而人生是難測的，不像數學，只要學了，就能得到解答。我依舊無法預測生命的走向，總還是會感到挫折，而再奮力的生活，也總有疲憊的時候。

母親一直十分認真地工作，
而她盡己所能的，只為了讓我們過得更好。

我只能不斷對著心中那累得縮成小小一團的自己說：「美麗，妳要加油，妳做得到的！妳不要屈服，不要氣餒，不然妳就做不到自己的承諾。這是很重要的承諾。一定要撐下去。」

母親曾對我們家的孩子這麼說：「我很忙，所以如果你們希望我去參加你們的畢業典禮，那就要從進學校的第一天，所有大考、小考都要考全校第一。不然我是不會去參加的。」

多麼艱難的條件啊，但我還是很拚命地念書，我希望有一天，能讓母親認同，能讓母親以我為傲。但即使我努力讓自己名列前茅，換來的還是母親一句：「妳不要驕傲啊。」我只能更努力、更拚命，只為了得到母親的肯定。

小學六年、國中三年，卻都無法達成母親的要求，直到高中聯考那天，我不曉得自己是不是還有機會。

高中的學費對家裡來說是沉重的負擔，母親也曾挑明，不會再讓我們繼續往上念。記得那時我準備好用具，拿起包包要出門考試的那日，母親看著我淡淡地說：「妳考再好都沒用，我沒辦法讓妳去讀。」

我好心痛，但我明白她為什麼會這麼說。母親認為我們家六個孩子，大都能照顧好自己，因而咬牙選擇讓較為內向的三姐繼續升學，而這也是家中能動用的所有資源了，其他的孩子，她無法負擔學費。

曾經考上第一志願的二姐，因為家境選擇放棄了學業，這讓母親十分愧疚。因此與其看我踏上同樣的道路，不若先打個預防針，讓我別抱太多希望。

到了考場，一科科的考卷依序發下，看著題目，我知道如果我願意，一定能順利考上理想的學校。但若是我真考得這麼好，卻不能去讀，我想這份沮喪一定會更大，只會徒增母親和我的遺憾。

因此當數學考卷發下來，快速看過內容後，我決定交白卷。我不會嗎？其實幾乎都會寫的，但我卻不願意考出過好的成績。我決定主動製造失誤，於是我忍痛放下筆趴在桌上，無視那些早已熟悉的數學公式，不斷流淚。

不久，成績單寄到家裡。母親打開了成績單。因為明白分數會多難看，我惴惴不安地在一旁絞著衣角。我以為母親看到我的成績無法考上高中，才不會糾結要不要讓我去讀，不會為難家中沒有錢卻有個成績很好的女兒。但母親的表情卻不是釋然，她的臉上混和著失落與悲傷，將成績單放在桌上，一言不發地轉身離去。

我哭了出聲。為什麼呢？為什麼我都這麼努力想讓母親不用為難了，她卻是這般的失落？

伸出顫抖的手，我拿起成績單。

落下的淚模糊了視線，我胡亂地舉起手想將眼淚抹乾，卻依舊止不住汩汩流出的熱淚。抽抽噎噎的我看向成績單，一片的高分中，數學科上掛著的零顯得十分刺眼。

我像是被燙傷似地放開握著成績單的手。

一瞬間，我突然明白了母親的失落。數學一直以來都是我的強項，考得再怎麼差也不該是零分，母親或許意識到了這分數是我刻意為之，才無言地離去。

不論我有多痛，生活依舊要繼續過下去。我努力打起精神，進了一間工廠當女工。也許是因為從小被母親的工作態度給影響了，我也學著母親早出晚歸，在職場上盡力。每天，我都會提早到工廠，在工廠裡幫其他同事們泡茶，有空就打掃工廠，反應快的我才三天就深得同事喜歡和廠長信任。

某天廠長對我說：「妳是反應很快的孩子，看來不像是會聯考失利的人。妳拿以前的成績單給我看看。」

我張了嘴，本想說出心聲，最後還是決定放棄。次日沉默地拿出以往的成績單給他看。廠長翻了翻，聲音低沉地說：「妳國中的時候，數學幾

母親從不多言，只用行動道愛，
這份愛即深且重，讓我不敢懈怠，拚命前進。

乎都拿滿分，為什麼聯考會考零分？也許妳有妳的苦衷，但妳要記住，妳可以跟世界鬧情緒，但是絕不要跟自己的前途開玩笑。如果妳怕付不起學費，那由我來栽培妳，妳現在立刻去找看看還有沒有獨立招生的學校，就算不是普通高中，也可以選擇高職，去培養一技之長。費用我來出。」

「但……我該怎麼還您的恩情？」巨大的驚喜當頭砸下，我又驚又喜，忍不住鼻頭一酸。

「美麗，妳不用還我，只要以後妳有能力了，能幫助需要幫助的人，就是在幫助我！就是在回饋我！」

廠長的一席話，讓我忍不住哭了出來，原來這世間真的有所謂的貴人。在廠長的鼓勵下，我最後申請上了馬偕護校，開啟我的護理職涯。

回到學校，我更加珍惜能讀書的時光，不只為了報答廠長，更是為了不想再看到母親失落的神情。說來奇怪，小時候我拚命反抗母親，即使決定令她放心依舊帶有不甘與憤怒，但不曉得是不是因為想要讓家庭變得更好的念頭始終在心中運行，又或者是因為時間真的可以改變人，我漸漸真心希望母親快樂。

母親也不像以前總對我冷嘲熱諷，用激烈的語言刺激我成長。不曉得是我住校後比較少回家，還是當時聯考的失利帶給她的衝擊太大。我沒有問，母親也沒有提。

讀護校需要的學費是母親近四個月薪水，此外平時伙食與交通費也挺貴的，所以我不好向她拿錢。而雖然廠長叫我需要時記得找他，護校的校長和幾位老師也提過要先借我學費，可是我還是想要靠自己。這是我的人生，我總得對自己負責。

為了賺取學費與生活費，我拚命在課餘的空檔打工，忙得團團轉，並更加勤學，每次大小考試都考到全校第一名，以獲得獎學金。我不只去圖書館工讀，也去當老師的助理，協助刻鋼板、印講義，甚至到醫院的太平間為遺體整容清洗與化妝，週六下午便在醫院各病房穿梭，四處整理，參與病患的照顧。

只有週日的正午，我能偷閒回家一趟，吃個晚飯，這是我每週最珍貴的時光。然而光陰匆匆，我只能探望一下家人，便要回到學校的宿舍。

住在家中的姐姐們與弟弟總調侃似地這麼對我說：「每次就妳回來的這餐，我們吃得最好。」

我有些羞赧，又覺得新奇。母親沒有直接表達對我的關心，卻用這樣的形式給了我溫暖。母親的這份心意，以及護校老師對我的關懷，成了支持我向前的動力。

護校那年，我以全校第一名畢業，並保送當時的省立護專。那年，母親請了假，就為了來參加了我的畢業典禮。這在我們村莊以及她上班的工廠引起了小小的轟動，畢竟母親是一向不請假的。我覺得有些小驕傲，也感到害羞。

三專畢業後，我先去了馬偕醫院工作，不久便結婚生子。結婚時母親一再提醒我，不只要當個好女兒，也要成為一個好媳婦。生活漸漸穩定後，我轉換了工作的跑道，到國立臺北護理大學護理系擔任講師，在同事的介紹下參加了二〇一三年的教師生命成長營，得以與一群大專教師們切磋教學與生活。

與教師們互動的過程中，讓我更加體會到母親的偉大。以前我看到的，只有她養育我成長的付出，但隨著光陰流逝，我的心變得更加柔軟，生命成長營後，與繼續一同學習的夥伴談到母親的偉大時，更讓我心有戚戚焉。

不曾經歷生命的磋磨，
就不會體認到生命的可貴與至親的愛。

我的生命中有許多的決定，都是因為母親的激勵——儘管有時她並非用正向的言語鼓勵我，我才會朝更好的方向前進。

而為了照顧一家老小，患有心臟病的她拚命工作。有好幾次，我走在她的後方，會看見母親彎下腰，用拳頭用力捶打著心臟，只為了多點力量，讓自己不要因為心臟的疼痛而倒下。她這麼努力地養活一家人，以前我卻還一直添亂，讓她擔心、煩憂。

母親常要我：「不要驕傲。」但她並非只是要挫我銳氣，更是讓我不要為了小小的成就而成了一個眼高於頂的人。為了得到母親的認同，我拚命努力，才有了今天的成就。

我想對母親更好一些，希望她後半生，能無病無災。但儘管我下定決心，卻抵不過造化，在命運的推動下，我們家陷入了低潮。

那段期間，母親、婆婆相繼因為不同原因而生病開刀，就連先生都發生車禍，種種壓力下，心力交瘁的我也病了，左耳聽力出現障礙，經常暈眩。正在攻讀博士班的我，在身體狀況難以顧好家庭、工作與學業的情況下，幾經掙扎，不得已選擇放棄了學習，決定先顧好家庭與工作，專心陪在母親與婆婆身邊，也設法養好自己的身子。

放棄攻讀已久的博士班，難免感到不甘心，也有些失落，但轉念一想，如果我今天沒有選擇盡孝，就算以後拿到學位，我也會後悔一輩子。人生總有許多的不得已，當到緊要關頭時，我渴望著平凡而幸福的生活。

決定回歸家庭，是為了更幸福的生活，但一波又一波的衝擊卻毫不間斷地襲來，在生命掀起巨浪。娘家那兒有許多的狀況產生，弟媳婦罹癌；外甥精神異常，為了照顧妻兒，弟弟過於勞累而中風；哥哥經商失敗，負債累累，導致娘家的房子被法院查封，不久也罹患癌症。

母親無法接受家中兩個兒子和長孫，都成了這般模樣。她的心十分焦急、痛苦，大概是因為覺得自己一生的心血都將失去，加上平時的知心好友又陸續過世或失智，讓她缺少傾吐對象。年近九十的母親開始常常哭泣，低落的情緒讓她也吃不太下，情緒的負擔加上營養的失調讓母親得了憂鬱症，因此我開始更常回家陪伴母親，或帶著母親出遊散心。

一直以來堅強的母親卸下了保護自己的外殼，看到我就是哭，總對著我說：「為什麼妳是女兒呢？如果妳是兒子多好！」

那個年代嫁出去的女兒，等同於潑出去的水，就算我再優秀，卻仍不能抵銷母親看著兩個兒子低潮的遺憾。我十分難過，只能盡量抽空陪在她身旁，對她承諾會想辦法幫助家裡，但母親的狀況仍舊沒有緩解。後來，陷入憂鬱的母親開始出現了幻覺，一直對著我說她東西掉了，更覺得地上到處都是蟑螂、螞蟻，甚至還驚慌地說祖先變成蝴蝶，過來跟她託夢，責怪她沒有照顧好家人和房產。

有次母親驚恐地大喊：「阿麗，我夢見自己殺死了妳的大哥！」母親大概是壓力太大了，在夢中也不得安寧，我趕緊上前握住母親的手，安慰她：「媽，妳沒有殺他，等一下哥哥就回來了。」

「我怎麼可以做這種夢啊？虎毒不食子，我怎能這樣？妳趕快幫我解除痛苦，我不想要再做惡夢了！」母親焦急不安地催促著我。

「可是我沒辦法阻擋夢啊！」

「我給妳讀那麼多的書，妳怎麼會連一個夢都沒辦法擋！妳怎麼這麼不孝！」

母親一直是個很理性的人，但生病後她性情大變，時常會非常憤怒地對子女發脾氣。我很難受，但努力忍著眼淚，我不能哭，我要堅強。

母親的憂鬱症和不時發作的精神症狀，讓我們有些疲累，在一次去精神科住院調藥的時候，母親更確診了失智症。看見我心目中精明能幹的母親，如今因病而飽受折磨，我感到悲傷，卻又覺得，母親是用自己人生最後一哩路來訓練我，教導我感恩，珍惜能與家人相處的時間。加上這幾年，自己在學校承擔了生命教育的課程，更加感受到生命的可貴。

母親晚年，受症狀影響，焦慮不安更顯嚴重，為了讓母親知道，她為

母親用她人生最後一哩路，
為我上一堂最珍貴的課，讓我學會感恩與珍惜。

家庭和為每個成員付出的那顆溫暖的心，我們都記住了。我開始和全家族的人一起落實五道人生：道謝、道愛、道歉、道善、道別。全家族一共三十五位的家人，在通訊群組一一練習對母親告白。我們不斷練習多說愛，多講些好話，多說些感謝，也多了探視，更多了擁抱。每個週末，在探視母親的時候，我便會對著母親細數大家的道歉、道謝和道善。我很遺憾自己一直到母親失智了，才開始學著要隨時表達愛，讚美她的優秀，也為自己以前的過錯一再道歉。

「媽，我小時候真的很不乖，很對不起妳。」

雖然母親失智之前我已經向她道歉過，她也原諒我。此刻，我還是想再道歉一次。我扶著母親在沙發坐下，愛憐地撫摸著她那雙粗糙的手，用力地親著她的臉頰，摟抱著她撒嬌。

「我也好謝謝妳，以前妳對我好嚴格，但我想，妳一定是因為愛我才這樣做的，對吧！」

即使我表達的時候，母親常常茫然地看著我，我依舊很努力、很開心地自說自話。

母親的狀況一直時好時壞的，有時狀況不好，她可能會推開我的擁抱，或是搖頭晃腦地點著頭；狀況好的時候，她則是會露出靦腆的笑：「妳知道就好啦，虎毒不食子啊，我怎麼可能虐待妳？妳現在會想就好了啊。」

我越發喜歡擁抱母親了，每次將瘦小的她抱在懷中，往昔的互動就一幕幕掠過眼前，讓我湧現了疼惜與痛苦，總忍不住想掉淚。

「媽，我好愛妳，妳真的是個很好的母親。我覺得我沒妳會當媽媽，也不是個很好的太太。」我喃喃地對母親吐露愛意，母親笑了笑，摸了摸我的頭。

「妳很會讀書啊，我都沒妳這麼會讀書，妳也很會為家裡著想。妳要記得啊，多去教別人、幫別人喔。」聽著母親溫柔的叮嚀，我哽咽著點了點頭。

母親晚年可愛又隨和，更是會將讚美的話掛在口中。我突然覺得，好像在這幾年，我們開始學會看向彼此的優點，擁有了一雙「發現美的眼睛」。我好幸福，能夠有機會同母親用充滿愛的語言交流。

母親一直是個不太會談愛的人，她含蓄、內斂，將滿腔的情感都用嚴肅的外表包裝起來，所以小時候我總誤解母親不愛我。但母親得了失智症後，情感表達卻直接多了，我第一次這麼直接地感受到母親對我的疼愛。

那是一個秋日的午後，婆婆打電話告訴我，母親跑來我們家。當下還在學校的我嚇出了滿身的冷汗。得了失智症的母親是怎麼自己一個人搭車到我家的？是什麼原因讓她努力搜尋僅有的記憶找到我家的？

從娘家來到我家，要經過一條大馬路才能去到公車站，到車站後，也要在縱橫穿梭的公車中找到正確的車次，穿越不同縣市，並在對的站下車，下車後更要經過許多曲折巷弄才能來到家中。這樣長時間的跋涉，對一個老人家是何等的困難？更何況是已經中度失智的母親！我不敢想像在這樣的路程中，若是不小心發生車禍怎麼辦？若她沒有找到路，會迷失在何方？

我急忙趕回家，一開家門，便見到母親拉著婆婆一直笑的模樣，婆婆的表情帶著迷茫與驚慌，我匆忙向前走。

「媽，妳怎麼來了！」

「阿麗啊，妳要那個——那個——，那個啊！」母親的手不停揮動。

「那個是指……？」

我困惑地歪了歪頭，語速緩慢地詢問母親，母親想說的話不長，我卻

即使無法表達，我依舊從母親急切的手勢中感覺到愛，
她用盡力氣，只為多叮嚀我一句。

用了將近半小時，才終於理解母親口中的「那個」是什麼。

我含著淚，問母親：「媽，妳是要我好好孝順婆婆，對嗎？」「對啦！阿麗啊，妳要孝順妳婆婆喔。」母親嘴角拉出了一個大大的微笑。

母親中度失智後，說話是越發艱難了，常常無法完整表達一句話，需要極大的耐心傾聽，總得與她反覆溝通、確認，才能明白她的意思。她常呢喃著：「就是那個啊、要那個啊。」然後比手畫腳地試圖表達，而我們就得開始腦力激盪，猜測母親的真意，猜對了，就讓母親跟著重複念一次，想藉此訓練她的記憶力，延緩失智的症狀。

如果母親能順利而完整的表達，不只是她開心，我也總激動得幾乎快落淚。

母親轉頭對著我笑，然後伸手拉住我的手，疊在婆婆握住母親的手掌上，然後溫柔叮嚀道：「要記得喔！」

接著母親又來回揮著手，不斷比著我和婆婆，再比著我和她自己，用手重複著用力在我們三人中移動。到底母親想表達什麼？為何如此興致高昂，又像帶著急迫的心情？我忍不住一陣鼻酸。以前我是很少哭的，總用剛硬的外表包裝自己認為母親不愛我的痛苦；現在我感受到母親對我的愛，步向幸福的時候，眼淚卻多了起來。

「妳的意思是，要我對婆婆就像對妳那樣孝順，對嗎？」或許真的是母女連心，我一瞬間理解了母親的殷殷期盼。

「對啦對啦。」

「我知道，媽，我知道。」

我看見婆婆泛紅的眼眶，忍不住哽咽，我們一起趨向前緊緊抱著母親，我和婆婆都哭了。

中度失智的母親是多麼愛我，才能在離開家後，在十字路縱橫的大馬路上找到正確的公車，然後一步步走來我的婆家呢？

而她穿越這麼長的距離，只為了多叮嚀我一句，多教我一次。

「媽，我會聽妳的話，好好照顧、孝順婆婆的……我也會好好照顧妳的。」

我該怎麼樣能對母親更好些？怎麼讓她在最後這段光陰更幸福些？我忍不住思考起這個問題。

童年那次離家出走後，我帶著些許賭氣的情緒決定要自己照顧自己，不想再造成父母負擔，以為這樣就是一種盡孝。長大後，我給家裡送錢、為家人添購物品、承擔家人醫療費用，在母親生病時給予照顧，卻仍是覺得不夠。

給家人衣食無缺的生活，是我以為的孝順，但這是母親要的嗎？

母親一輩子追求的事物非常單純，一是家庭和順，二是不愧對陳家媳婦的身分。

她一直是有著傳統美德的女性，心心念念總是擔得起自己背負的身分，所以作為媳婦，她不忘光宗耀祖；作為妻子，她無怨無悔照顧生病的丈夫；作為母親，她以嚴厲的方式希望孩子走在正軌。殷勤工作五十年直到心臟病開刀才退休，一生為家庭奉獻，晚年還擔心著子女健康與財務問題，何時她才能卸下重擔？

小時候稚氣的我，稍稍明白母親的責任，倒也想過一定要得一次大獎，而那個獎還要是國家級的大獎，這樣應該就算是光宗耀祖，全了母親的心願了吧？

第一次獲獎是因為九二一大地震後去當醫療志工的原因，那時母親還沒生病，也還沒從工作崗位退休，被通知去領獎時，我匆匆趕回娘家。母親正在煮飯，蘿蔔湯在爐前咕嘟咕嘟地滾，西洋芹的味道四溢，讓人忍不住吞起口水來。

「媽，月底我會去參加一個全國好人好事代表的頒獎會！妳會來看嗎？」我撐著下巴，坐在餐桌前看著母親在廚房走來走去的背影。面對我

在母親心中，我始終是她的驕傲，
不是因為我多有成就，而是因為她愛我。

的問題，她的背影一頓，然後又若無其事地拿起鹽加入炒菜鍋。

「哎呀，不要啦，我那天有事情，讓妳姐陪妳去就好。」

「媽，這是全國性的好人好事表揚耶，妳不去啊？」姐姐湊了過來，笑嘻嘻地搭著我的肩，母親語氣卻還是那般堅定，毫無動搖。

「哎呀，我說不要就不要。」

母親後來還真的沒來，那時我們以為她是不在乎這個獎，後來一次閒聊才知道，母親覺得自己土，怕這樣的形象會讓我的榮譽蒙塵，所以才選擇不來。如果，我們能多些溝通，多點交流，是不是我就能早點知道母親的心？

我沒有答案，只能更加用力地擁抱母親。

母親的記憶是越發不好了，她漸漸認不清家人，有時連我這個她最疼愛的小女兒也會忘記，甚至忘記她自己是誰，對著人就傻笑。曾經如此精明能幹的母親，體能與智能快速衰退，讓我不斷提醒自己行孝要及時。

「媽，我回來啦！」

我開了家門，對著坐在沙發上的母親笑，將手上提的大包小包的食物塞進冰箱後，走上前抱了抱母親。

「妳是誰？為什麼要一直對我笑啊？」

「我是美麗，阿麗啊。」我拉了張小椅子坐到母親的旁邊，撫著她放在膝蓋上的手，這是一雙皺巴巴的、有些乾燥、因勞動而十指都是灰指甲卻十分溫暖的手。我握了握，然後將精油與按摩霜調和後，輕輕按摩著母親的手。

「美麗？我最小的女兒也叫美麗耶，這麼剛好！」我忍不住又有些想哭，但我不能哭，我想讓母親多看看我笑著的臉，內心卻是又喜又悲。我陪著母親一起談論著她過去未曾肯定過，卻是如此美好又陌生的我；一起陪著她，聽她談她的驕傲。

「真的喔！那妳女兒人怎麼樣？可愛嗎？還是很調皮？」

「她很可愛啦，還很漂亮、很乖喔！又很聰明！」

母親的評價卻是出乎我的意料之外，我以為母親記憶中的我是頑劣的、調皮的、不受教的，怎麼她現在卻是這般的稱讚我呢？怎麼她全都是如此正面的回憶呢？母親失智的事實依舊令我傷感，然而若這讓她因而遺忘了憂愁與煩惱，或許也是上天的一種慈悲吧。

「可是她說她小時候常常讓妳很生氣耶。」

我們談論著「美麗」，她的女兒，就像討論著第三者。母親不認得我了，但她還是記得我的好。

這樣也好，我想：「媽，妳只要記住片段的美好就行了，妳不必認得我，也不用記住我，不論妳記得的是什麼，只要是美好的回憶就好。而其他妳遺忘的記憶，由我們來銘記。」

「沒有啦，小時候的事情我都忘了。我只記得她很會讀書、很孝順，有什麼好吃的都拿回來給我吃，賺錢也拿回來給我當家用，很乖啊、很乖。我跟妳說，她很厲害喔，她還有得過國家級的獎喔！是國家級的獎喔！」母親得意地重複著，眼角眉梢快意地飛揚。

「那妳那時候怎麼不稱讚、稱讚她？妳多讚美一下她吧，她會很高興喔！」

我用衣袖快速抹掉眼角的淚，聽著母親繼續絮絮叨叨地稱讚我。忍不住問了從小到大我一直很想知道，讓我痛苦了好多年的問題。如果在母親心中的我真的這般的好，妳怎麼不稱讚我？怎麼不摸摸我的頭，對我說：「妳好棒。」現在聽著母親對我的稱讚，我既開心又惆悵。

「阿麗這個孩子不能誇啊，這個孩子一誇就驕傲，驕傲她就不會一直進步了。」母親喃喃自語重複著：不能讓她驕傲，不能讓她驕傲……，還要進步，還要進步……。

在我心中的遺憾，終於消融了。在這個有些寒冷的秋天，落葉繽紛的季節中，母親的話語帶來了溫暖的熱度，淌過心底，讓我忍不住喟嘆。母

母親是我一生的伯樂，
更是知己。

親哪，您是何等用心良苦啊，總能千方百計地激勵著我，您是我人生的舵手，也是我的伯樂。

我明白，母親是懂我的，一直都是懂我的。

母親過世前一週，我帶著兒子買的草莓蛋糕去探視她。那是冬日下午，有一波寒流剛過，陽光和煦地照在身上，暖洋洋的，讓人有些困倦。

我握住大門手把，推開家門。家裡好安靜，沒有電視的聲音。

我找了找，母親正在她的房間裡，站在窗邊看著人來人往的模樣，點著手指頭細數有幾個人踏過家門前。

「媽，我回來啦？妳餓不餓？」

「餓？不會餓耶！我剛剛有吃飽喔！」母親歪著頭對著我笑。

「那妳要不要吃草莓蛋糕？草莓雖然有點酸酸的，但是蛋糕很甜很好吃喔！妳要不要試試看？」

母親一向不愛酸味，但這個蛋糕是兒子在半夜特地跑去排隊買回來的人氣商品，說要讓我拿來探望外婆，所以我想讓母親吃吃看。

「蛋糕喔？好啊好啊，人家要買給我們吃，我們就吃啊。」我再次重複是妳孫子半夜去排隊的喔，這讓母親很專注地看著我。

「你們有心，我就好開心啊。」很久沒有完整表達一個句子的母親，很認真的一字字、一句句用力說著。

我把蛋糕從紙盒拿出來，與母親和姐姐們一人一片，吃得開心。母親一邊吃一邊笑，笑容好甜好甜，也好滿足，像個開心的小女孩。我好珍惜這樣簡單的幸福，希望時間能暫停，我要將這個畫面刻印在腦海中。

「媽，妳笑得好可愛喔。」

「是喔？那妳要繼續得大獎喔，這樣未來我才有臉去見祖先啊！」母親突如其來的話語讓我一愣，她依舊笑嘻嘻的，握住我的手不斷上下搖晃，那重複著的無目的動作提醒著我母親失智症的事實，卻也令人讚歎母親的偉大，僅存的記憶還是用在勉勵孩子。我知道母親看到我得獎，一直都是好開心的模樣，我也跟著笑了出來，我們一起用笑容預約了美好的未來。

「好，我會繼續努力得獎。」

一週後，母親走了。當時我在護理界已經服務滿四十年，也因為在專業上的表現獲得「服務四十年資深護理人員獎」，我同時報名了「傑出護理人員服務奉獻獎」的推薦。本想若能得此雙獎，便送給母親當九十一歲生日禮物，她卻走了。

我有些發愣，雖然早知道有這麼一天，卻沒想到是這個時間。伸手抹了抹眼角，沒有眼淚，心中卻有些疼痛，飽脹的情感在心頭亂竄，讓我快要吸不到空氣。

妳讓我繼續得獎，但為什麼，妳不留下來看我得獎的模樣？

我用力呼吸、吐氣，試圖平穩心情。不要哭，母親只是脫離限制了她的病體，現在，她是自由的了。

母親告別式那天，恰好是一百〇七年度臺灣傑出護理人員服務奉獻獎報名截止日，我站在靈堂前，看著母親照片中端莊而慈祥的笑容，默默地祝禱：「媽，我報名了傑出護理人員獎喔，如果能得獎，希望能將這個獎獻給妳。」

母親用她的一生，照顧我，看著我，鞭策我進步，她希望我得獎的心願——或者說希望我能夠過得更好、表現得更好的心願，讓我一直不敢懈怠。

有時候我覺得，母親像是站在一艘船上不斷擺渡的船夫，將我從原來固執、頑劣的自己，擺渡到追求自我成長，努力進步且能助人的人。

母親是一位舵手，
將我不停擺渡到更好的自己。

「媽，我不曾虛度自己的光陰喔，我會繼續努力，希望妳也能為我感到驕傲。」

《走一路柳暗花明》

亮點 004

作　　者　福智文化編輯室
責任編輯　蔡毓芳
文字協力　李笭、曾文姿、黃美祺、廖雅雯、蔡毓芳、簡儀瑄
封面、內頁設計　賀四英
排　　版　華漢電腦排版有限公司
印　　刷　科樂印刷事業股份有限公司

出 版 者　福智文化股份有限公司
特別感謝　福智文教基金會
地　　址　105407臺北市八德路三段212號9樓
電　　話　(02) 2577-0637
福智文化官方網站　https://www.bwpublish.com
客服Email　serve@bwpublish.com
總 經 銷　時報文化出版企業股份有限公司
地　　址　333019桃園市龜山區萬壽路二段351號
電　　話　(02)23066600 轉 2111
出版日期　2020年8月　初版一刷
定　　價　新台幣 360 元
I S B N　978-986-98982-2-5
版權所有・請勿翻印　Printed in Taiwan

※如有缺頁、破損、倒裝，請聯繫客服信箱或寄回本公司更換

國家圖書館出版品預行編目(CIP)資料

走一路柳暗花明 / 福智文化編輯室作.
－初版.－臺北市：福智文化，2020.08
面；　公分.－（亮點；4）
ISBN 978-986-98982-2-5（平裝）

1.生命教育　2.通俗作品

528.59　　109009803